受2016年度山西省哲学社会科学规划课题"互联网环境下的'诚信个人'评价研究"以及2017年度山西省软科学项目"大数据视角下基于信用评价的科技信用体系构建研究"经费支持

互联网环境下农户诚信评价研究

——基于支持向量机方法

程鑫 著

图书在版编目(CIP)数据

互联网环境下农户诚信评价研究:基于支持向量机方法/程鑫著.—武汉:武汉大学出版社,2018.4
ISBN 978-7-307-20073-9

Ⅰ.互⋯ Ⅱ.程⋯ Ⅲ.农业信贷—信贷管理—研究—中国 Ⅳ.F832.43

中国版本图书馆 CIP 数据核字(2018)第 057772 号

责任编辑:唐　伟　　责任校对:李孟潇　　整体设计:马　佳

出版发行:武汉大学出版社　　(430072　武昌　珞珈山)
（电子邮件:cbs22@whu.edu.cn　网址:www.wdp.com.cn）
印刷:北京虎彩文化传播有限公司
开本:720×1000　1/16　印张:11.75　字数:167 千字　插页:1
版次:2018 年 4 月第 1 版　2018 年 4 月第 1 次印刷
ISBN 978-7-307-20073-9　　定价:36.00 元

版权所有,不得翻印;凡购我社的图书,如有质量问题,请与当地图书销售部门联系调换。

序

随着经济、社会的飞速发展,"诚信"越来越被人重视。信用是未来社会中最为重要的资源,也是互联网社会最根本的行为规则,影响着经济社会生活的方方面面。客观合理地评价个人信用水平是增强个人诚信、促进社会互信的有效手段;也是健全社会信用体系、整顿和规范市场信用环境、防范网络交易风险的重要举措。

在中国金融市场的发展进程中,农村金融市场的信贷安全问题仍然很严重。从农村金融市场长期的发展形势来看,农村信用体系建设还需要不断完善,尤其是一直欠缺的农户信用评价研究。在当前中国城乡一体化建设和支农惠农政策大力推行的转型发展背景下,如何公正客观地对农户的信用进行评价,解决农户贷款难问题,如何规范农村金融市场,如何提高农户的信用意识,如何帮助金融机构有效防范风险,如何构建一个相对统一、科学、完整的信用评价指标体系来完善目前中国农户信用评价中存在的问题,已经成为政府、金融机构和学术界所共同关注并且急需解决旳问题。

本书作者通过对农户的金融行为及自身特点进行分析,选择能反映农户特点的指标构建指标体系并进行多维度评价,在信用评价的基础上构建"诚信农户"信用评价体系。本书在丰富中国农户信用评价理论上具有一定的参考意义,有利于提高涉农信贷市场的信用风险管理水平,推进中国社会信用体系建设,降低涉农正规金融机构的不良贷款率,逐步解决农户贷款难问题,在促进中国农村信贷市场的进一步发展方面具有一定的现实意义。

　　本书可以为个人信用评价、统计方法应用等相关领域的师生提供一定的参考。

石洪波

2017 年 9 月于达尔豪斯大学

前　言

从 2004 年到 2017 年，中央已经连续 14 年发布关于"农业、农村、农民"的一号文件，可见"三农"问题是中国社会主义现代化建设中急需解决的重要问题。随着我国社会主义市场经济体制的逐步完善、城镇化建设日渐加快、农村金融改革不断深化，以及在支农惠农政策的大力推动下，农村金融体系建设及精神文明建设已经成为建设新农村和促进农村经济可持续发展的核心。2015 年"中央一号文件"强调了推进农村金融体制改革，确保涉农贷款比例不降低。而农户是农村金融客户中数量最多、分布最广泛的一个群体，农户的金融行为对整个农村金融的研究具有重要意义。2016 年"中央一号文件"强调了深化农村精神文明建设，要加强农村思想道德建设，加强诚信教育，倡导契约精神，提高农民文明素质和农村社会文明程度。2017 年"中央一号文件"强调推进信用户、信用村、信用乡镇创建，可见农户的信用水平不仅影响着农村金融的发展也制约着整个农村的精神文明建设。农户天然具有的生存脆弱性、流动性较大、居住较分散、缺乏有效抵押担保物、信用意识相对薄弱等特点，使得金融机构向农户提供信贷支持时面临比较严重的信息不对称问题，直接导致很多金融机构都不愿意将资金投放于农户，尤其是贫困农户根本无法获得正规金融机构的信贷支持。新形势下农户的自身特点及信用格局也发生了变化，给农村金融发展及农村精神文明建设带来了深刻的影响。

国务院 2014 年 6 月发行的社会信用体系建设规划纲要（2014—2020 年）指出要加强金融信用信息系统建设，完善信用信息的记录、整合，才能规范金融市场秩序。自党中央国务院提出建设社会主义新农村以来，各部门都从自身的实际职能出发，积极响应。正规金融机构的首要任务就是把资金更合理地投放到农村，支持"三农"发展。要想深化农村金融改革以及扩大对"三农"的信贷支持，首先必须以信用评价为基础，完善农村信用体系建设，保证信贷资金的安全。农村信用体系的建设离不开对农户个人信用进行全面客观的评价、更离不开农户信用体系的构建，这不仅有助于推动中国社会信用体系的建设，也是我国农村金融市场能够稳健运行和改善农村金融生态环境的必要条件。

目前，我国农户信贷市场中正规金融机构对农户提供信贷支持时面临的信息不对称问题严重影响着农村金融的稳定发展。只有构建一个客观合理的农户信用评价体系，客观评价农户信用水平，才能有效缓解正规金融机构因农户信用信息不全面所导致的一系列问题；才能切实加强农户诚实守信的经营理念，促进我国农村经济的健康发展，为中国社会信用体系的建设添砖加瓦。

通过对国内外大量文献的整理，笔者发现已有的农户信用评价研究中存在以下不足之处：第一，国内外学者的指标选取大部分集中在农户基本情况、偿债能力或者经济情况、个人品行等这几个大的方面，指标选择上没有反映农户的信用特点，现有研究发现农户信用水平存在地区间差异，但是没有文献将地区差异构建到指标体系中，没有对地区差异进行过深入的分析；第二，一些学者在研究指标体系时只是根据既定的经济理论或者准则来选取评价指标，在构建指标体系时难免会存在信息冗余，或者所选择的指标代表性不好的情况；第三，现有的评价模型都是在假设"违约"、"不违约"两类样本点错判损失相同的情况下建立的，而现实经济运行中，两种错分情况给金融机构带来的损失是不同的；第四，大多数的农户信用评价研究中，或者采用打分卡或者构建模型，均采用的是"违约与否"或者"违约概率"这两个衡量标准之一，没有对农户信用水平进行全面客观的评价，会导致正规金融机构大量不良资产的产生。

本书针对现有研究中存在的以上问题，对农户诚信评价进行了研究。农户诚信评价研究主要包括：构建农户信用评价指标体系、建立农户信用评价模型以及依据前两部分研究结论提出完善农户信用体系的相关建议。建立农户信用评价指标体系是指依据农户自身的发展特点和借贷行为来选择包括家庭特征、还款能力、还款意愿、稳定性、宏观环境、保障情况等影响农户信用水平的因素，分析了农户信贷行为特点和区域性差异，从而形成一个完善的指标体系，可用于农户信用评价模型的构建；并运用相关分析方法删除存在冗余信息的指标，对东、中、西部地区农户分别构建了信用评价指标体系；农户信用评价模型是以农户信用评价指标体系为依据构建的评价模型，通过评价模型可以得到客观全面的农户信用评价结果输出。运用代价敏感的支持向量分类模型对农户是否违约进行了判别和违约概率估计，运用支持向量回归模型对农户违约损失率进行了预测，从这三个维度对农户的信用水平进行了客观全面评价。最后，完善农户信用体系建设是在农户信用评价的基础上根据结果出现的区域性差异、中西部地区农户信用信息不全面等，就如何有效提高评价结果的准确性、如何从根本上提高农户信用水平等提出相关建议，以求促进农村金融稳定发展，缓解农户贷款难还款难的现状。

本书采用理论模型与应用研究相结合的方法展开，以"客观全面评价农户信用水平，规范涉农金融机构审贷流程，完善农户信用体系建设"为主线，对诚信农户评价问题进行了研究。本书的主要工作包括以下几个方面。

（1）笔者分析农户信贷市场中由于农户信用信息获取困难所产生的信息不对称现象，从经济学角度解释了农户信用评价的意义；对农户借贷行为、农户信用评价指标选择、信用评价方法等相关理论进行了梳理，勾勒了进行农户信用评价的整体思路和步骤；借鉴"三维信用理论"和"价值链风险理论"，并结合中国家庭金融调查数据（CHFS），在现有研究的基础上加入了可以反映农户日常生活中合规度、成长及创新能力的指标；基于社会主义核心价值观的内涵，加入了幸福感和婚姻状况等可以反映家庭和谐程度的指标。相比以往的文献，考虑到农户信用的外部特征较为明显，再加上发展过程中农村人口的高度流动和信用格局的转变，因此笔者把稳定性从宏观环境指标层剥离出来，成为一个准则，用每年农业生产时间、在本地居住时间、土地数量是否变更、本年收入与上年收入比较、收入增长与物价增长比较等指标来反映农户的稳定性，初步选择构建了包括70个评价指标的农户信用评价指标体系，弥补了正规金融机构信用评价中指标设计的短板。

（2）笔者将可以判别非线性及非函数相关关系的最大信息系数和最大相关分析方法引入指标筛选中，代替现有研究中常用的皮尔逊相关、偏相关系数等方法，对评价指标之间的相关程度进行了全面考查，通过相关分析删除存在冗余信息并且判别效果不好的指标，对指标体系进行过滤，尽可能避免了指标反映重复信息的问题。之后，基于信用评价模型——支持向量机的最大间隔原理，笔者运用专门适用于支持向量机的变量选择方法——间隔影响分析法对指标体系进行了第二次筛选，保证了评价模型的泛化能力。在保证分类效果的前提下，笔者筛选出了影响农户信用水平的关键指标，用较少的指标反映了大部分的评价信息，弥补了现有信用评价研究中在指标筛选方面不与评价模型相结合的不足。

（3）中国农户借贷行为及信用特点存在地区差异性是国内学者普遍认可的，但鲜有学者分区域进行深入的对比分析。笔者采用中国家庭金融调查（CHFS）数据对全国范围内的农户进行分析，分东、中、西部地区分别构建了包含33、31、32个指标的评价指标体系，并结合三个地区指标体系的特点进行了农户信用区域性差异分析，得到了造成农户信用地区差异的几个主要原因：经济水平不同、发展政策不同、社会保障制度的差异、教育投资的区域不平衡、思想观念的差异等。同时，笔者对构建的农户信用评价指标体系与农户信贷特点、正规金融机构现有的指标体系以及金融界普遍认可的5C准则进行了对比分析，证实本书构建的农户信用评价指标体系体现了中国农户的信用特点，可以补充正规金融机构评价体系中存在的短板，同时也基本符合5C评价准则。

（4）在构建评价模型中，笔者将数据挖掘领域中对于少量数据具有较好分类性能的支持向量机方法引入农户信用评价研究中，分别从违约判别、违约概率输出、违约损失率预测这三个维度对三个地区的农户分别构建了评价模型，通过"三维一体"分析得到了全面的农户信用水平评价。其中，对违约判别和违约概率输出的研究中考虑到"违约"、"不违约"两类样本的错判代价不同，选择了代价敏感的支持向量分类模型，该模型可以有效降低两类错判概率，同时也提高了模型的整体正确率。通过对农户信用进行全面的评价，可以给金融机构审核农户贷款提供一个相对客观的依据，从而有效降低涉农贷款的不良贷款率，提高金融机构涉农贷款的信用风险管理水平。

（5）通过农户信用评价指标体系和评价模型的构建，笔者针对完善农户信用评价体系提出了根据农户信用特点完善指标选择、结合区域特点分地区构建指标体系、三维一体客观评价农户信用水平、健全农户信用信息共享传递机制、打造农村信用文化环境及奖惩制度等具体建议。

以上研究成果，不仅在丰富中国农户信用评价理论上具有一定的参考意义，而且有利于提高涉农信贷市场的信用风险管理水平，推进中国社会信用体系建设，降低涉农正规金融机构的不良贷款率，逐步解决农户贷款难问题，在促进中国农村信贷市场的进一步发展方面具有一定的现实意义。

目 录

第1章　引言 ……………………………………………………………… 1
　1.1　研究背景和意义 ……………………………………………………… 1
　　1.1.1　研究背景 ………………………………………………………… 1
　　1.1.2　研究意义 ………………………………………………………… 5
　1.2　农户信用评价相关研究 ……………………………………………… 7
　　1.2.1　农户借贷行为研究 ……………………………………………… 7
　　1.2.2　农户信用评价指标研究 ………………………………………… 11
　　1.2.3　信用评价方法研究 ……………………………………………… 13
　1.3　本书的主要工作与研究方法 ………………………………………… 19
　　1.3.1　主要工作 ………………………………………………………… 19
　　1.3.2　研究方法 ………………………………………………………… 23
　1.4　本书基本框架 ………………………………………………………… 24

第2章　农户信用评价理论 …………………………………………… 27
　2.1　基本概念 ……………………………………………………………… 27
　　2.1.1　信用 ……………………………………………………………… 27
　　2.1.2　农户 ……………………………………………………………… 28
　　2.1.3　农户信用 ………………………………………………………… 29
　　2.1.4　信息不对称 ……………………………………………………… 30
　2.2　信用评价理论 ………………………………………………………… 34
　　2.2.1　古典信用评价方法 ……………………………………………… 35
　　2.2.2　信用评分方法 …………………………………………………… 36
　　2.2.3　农户信用评价的经济学分析 …………………………………… 37
　2.3　农户信用评价框架 …………………………………………………… 41

2.4 本章小结 ………………………………………………………… 42

第3章 农户信用评价指标体系初建 ………………………………… 43
3.1 农户信用评价指标体系设计的原则和思路 ……………………… 44
3.2 新形势下中国农户信用的新特点 ………………………………… 47
3.3 农户信用评价指标的初选 ………………………………………… 48
    3.3.1 中国家庭金融调查数据介绍 ……………………………… 52
    3.3.2 农户信用评价指标说明 …………………………………… 53
3.4 农户信用评价指标的标准化 ……………………………………… 56
3.5 农户信用评价指标的缺失值处理 ………………………………… 63
3.6 农户信用评价指标体系的过滤及净化 …………………………… 64
    3.6.1 基于最大信息系数的农户信用评价指标过滤 …………… 64
    3.6.2 基于最大相关分析的农户信用评价指标体系
          净化 ………………………………………………………… 71
3.7 本章小结 …………………………………………………………… 74

第4章 农户信用评价指标体系优化 ………………………………… 76
4.1 支持向量机原理 …………………………………………………… 77
    4.1.1 数据线性可分的情况 ……………………………………… 77
    4.1.2 数据近似线性可分的情况 ………………………………… 80
    4.1.3 数据非线性可分的情况 …………………………………… 81
4.2 基于支持向量机原理的变量选择 ………………………………… 83
    4.2.1 模型集群分析原理 ………………………………………… 84
    4.2.2 间隔影响分析法原理 ……………………………………… 84
4.3 基于支持向量机变量选择的农户信用评价指标体系
    优化 ………………………………………………………………… 86
4.4 农户信用评价指标体系合理性的判定 …………………………… 97
4.5 农户信用评价指标体系的对比分析 ……………………………… 98
    4.5.1 农户信用评价指标体系与农户信贷特点的对应
          关系 ………………………………………………………… 98

4.5.2　农户信用评价指标体系与5C信用评价准则的
　　　　　对应关系 ……………………………………… 100
　　4.5.3　农户信用评价指标体系与正规金融机构指标
　　　　　体系的对比 ……………………………………… 104
　　4.5.4　最终建立的农户信用评价指标体系的特色 …… 106
　4.6　本章小结 ……………………………………………… 107

第5章　基于支持向量机的农户信用评价模型构建 …………… 108
　5.1　基于支持向量分类模型的农户信贷违约判别模型 …… 108
　　5.1.1　代价敏感的支持向量分类模型原理 …………… 108
　　5.1.2　惩罚系数选择 …………………………………… 110
　　5.1.3　农户信贷违约判别的实证研究 ………………… 114
　5.2　基于代价敏感支持向量分类模型的农户信贷违约概率
　　　　计算模型 ……………………………………………… 120
　　5.2.1　支持向量机的概率输出 ………………………… 121
　　5.2.2　代价敏感支持向量分类模型的概率输出 ……… 123
　　5.2.3　农户信贷非违约概率计算的实证分析 ………… 123
　5.3　基于支持向量回归的农户信贷违约损失率测算 ……… 127
　　5.3.1　违约损失率 ……………………………………… 127
　　5.3.2　支持向量回归机 ………………………………… 128
　　5.3.3　基于ε-支持向量回归机的农户信贷违约损失率
　　　　　预测 ……………………………………………… 131
　5.4　评价结果分析 ………………………………………… 136
　5.5　本章小结 ……………………………………………… 138

第6章　完善农户信用评价体系的相关建议 …………………… 140
　6.1　政府主导，构建农户信用体系顶层设计 ……………… 140
　　6.1.1　统筹协调，发挥政府职能 ……………………… 141
　　6.1.2　循序渐进，注重因地制宜 ……………………… 142
　　6.1.3　继往开来，做好顶层设计 ……………………… 143
　6.2　完善立法，构建农户信用法律法规体系 ……………… 144

6.2.1 加强专门立法，提高农户信用法制质量 …………… 144
  6.2.2 进行资源统筹，构建农户信用法规体系 …………… 145
 6.3 统一标准，构建农户信用信息标准体系 …………… 146
  6.3.1 制定标准，统一农户信用信息采集 ………………… 146
  6.3.2 统筹规划，统一农户信用评价指标 ………………… 147
 6.4 搭建平台，健全农户信用信息共享传递机制 ………… 149
 6.5 深入宣传，打造农户信用文化环境 …………………… 150
  6.5.1 修德立信，普及诚实信用教育 ……………………… 150
  6.5.2 科学发展，加强诚信文化建设 ……………………… 151
  6.5.3 锻造队伍，加快专业人才培养 ……………………… 151
 6.6 积极探索，构建农户信用奖惩管理制度 ……………… 152
  6.6.1 奖惩分明，积极构建信用奖惩机制 ………………… 152
  6.6.2 及时公示，全面落实信用奖惩机制 ………………… 153
 6.7 科学规划，培育和规范农户信用服务市场 …………… 153
  6.7.1 市场导向，发展农户信用服务机构 ………………… 154
  6.7.2 苦练内功，加强农户信用服务机构自身建设 …… 154
  6.7.3 开拓进取，理顺农户信用服务机构发展路径 …… 155
 6.8 本章小结 …………………………………………… 155

参考文献 ………………………………………………………… 157

后记 ……………………………………………………………… 171

图 表 索 引

1. 图索引

图 1-1　本书研究的技术路线图 ……………………………… 26
图 2-1　农户信用评价在信贷市场的作用过程 ………………… 38
图 2-2　农户信用评价流程图 …………………………………… 42
图 3-1　农户信用评价指标体系的构建流程 …………………… 46
图 4-1　支持向量机模型示意图 ………………………………… 78
图 5-1　ε-支持向量回归机 ……………………………………… 129

2. 表索引

表 2-1　信贷资金循环理论与"5C"评价理论的逻辑关系 ……… 35
表 2-2　信用评分方法总结 ……………………………………… 37
表 3-1　农户信用评价初选指标集 ……………………………… 49
表 3-2　定性指标量化标准 ……………………………………… 60
表 3-3　多选问题打分情况 ……………………………………… 62
表 3-4　MIC 相关分析处理结果 ………………………………… 68
表 3-5　MIC 与 Pearson'ρ 相关分析处理结果对比 …………… 71
表 3-6　MAC 相关分析处理结果 ………………………………… 73
表 4-1　农户信贷样本按地区分组情况 ………………………… 86
表 4-2　分类模型网格法参数寻优结果 ………………………… 87
表 4-3　三个地区评价指标的间隔影响分析结果 ……………… 88
表 4-4　东、中、西部农户信用评价指标体系 ………………… 95
表 4-5　农户信用评价指标体系与农户信贷特点的对应关系 … 99

1

表 4-6	农户信用评价指标体系与 5C 信用评价准则的对应关系	102
表 4-7	农户信用评价指标体系与正规金融机构指标体系对比	104
表 5-1	二分类问题的混淆矩阵	111
表 5-2	违约判别的代价矩阵	112
表 5-3	东、中、西部地区农户抽样情况	114
表 5-4	惩罚参数 C_- 的选择结果	115
表 5-5	几种信用评价模型的判别能力比较	118
表 5-6	东、中、西部地区 Sigmoid 函数中参数的取值	124
表 5-7	东、中、西部农户非违约概率计算结果	125
表 5-8	农户违约损失率(LGD)计算结果	132
表 5-9	回归模型网格法参数寻优结果	133
表 5-10	农户违约损失率预测结果	134
表 5-11	三个评价模型的对比分析	138
表 6-1	世界主要发达国家的信用立法情况	145

第1章 引　　言

1.1 研究背景和意义

1.1.1 研究背景

中共十六届五中全会通过的《中共中央关于制定国民经济和社会发展第十一个五年规划的建议》提出"推进社会主义新农村建设的任务和统筹城乡发展的战略",建设社会主义新农村成为从我国当前发展全局出发确定的一项重大历史任务。同时,随着我国社会主义市场经济体制的逐步完善、城镇化建设日渐加快、农村金融改革不断深化以及在支农惠农政策的大力推动下,农村金融体系建设已经成为建设新农村和促进农村经济可持续发展的核心。

中国农村金融学会在中国农村金融改革发展报告中指出:农户是农村金融客户中数量最多、分布最广泛的一个群体,农户的金融行为对整个农村金融的研究具有重要意义。2013年中国金融统计年鉴的数据显示,到2012年末金融机构本外币涉农贷款余额176310亿元人民币,占各项贷款的比重为26.2%,其中农户贷款余额36195亿元人民币,占涉农贷款的比重为20.6%;涉农贷款当年新增额30119亿元人民币,占各项新增贷款的比重为33.1%,其中,农户贷款增额5000亿元人民币,同比增长15.9%。

中国当下正处于转型发展时期,这种转型除了我们熟知的经济转型,还有由传统的乡土社会向现代契约社会的转变。转型期中国农户的教育程度、收入结构、收入水平、支出结构等都发生了深刻的变化,农户收入快速增长、收入来源发生结构变迁,农户收入及生活水平出现了分层化、结构呈现多元化的特点。同时，在发展过程中人口的高度流动、交易方式的日趋复杂等也带来了对传统"熟人社会"制度的冲击。以亲缘为核心的信任关系也随着家庭的迁徙和分割而进一步受到削弱，建立在"熟人社会"中相对稳定的农户个人信用正面临着解体的可能。新形势下农户特点的变化以及农户信用格局的转变，必然给农村金融发展带来深刻的影响。其中，农村金融需求是农村金融研究的初始问题，而农村信用体系和金融生态环境则是农村金融基础设施建设的重要组成部分。农村信用体系和金融生态环境的良好与否，直接决定着资金能否快速投放并顺利收回，决定着农村的金融需求能否得到满足、农村金融体系建设是否稳健，决定着农户与涉农金融机构之间相互沟通的桥梁是否畅通。

但是，农户天然具有的流动性较大、居住分散、生存的脆弱性、缺乏有效的抵押担保物、信用意识相对薄弱等特点，使得金融机构向农户提供信贷支持时面临信用信息难以获取并进行有效评价的问题，直接导致很多金融机构都不愿意将资金投放于农户，尤其是贫困农户根本无法获得正规金融机构的信贷支持。根据西南财经大学中国家庭金融调查与研究中心2011年针对中国家庭的金融调查数据，2011年调查总共涉及8438个住户家庭，其中有1621个家庭有新增信贷需求，但289个家庭贷款被拒，这些被拒的家庭中农村居民占比53.63%。王定祥(2011)[1]也通过对全国15个省份的调查，发现贫困农户并没有真正成为正规金融机构信贷的服务对象。

自党中央国务院提出建设社会主义新农村以来，各部门都从自身的实际功能出发，积极响应。正规金融机构的首要任务就是把资金更合理地投放到农村，支持"三农"发展。但此时金融机构与农户之间资金的供给与需求却不对等。一方面，这与我国的支农惠农政策是相违背的，不利于我国新农村建设的顺利推进，也不利于农户自身长远的发展；另一方面，长期以来，我国传统的农村社会还保持着典型的"熟人社会"的特征，当农户的信贷需求得不到满足时，民间借贷就成为了正规金融的重要替代物，而不规范的民间借贷对正规金融机构存贷款业务的冲击不仅不利于国家对农村经济的调控，甚至会严重影响农村经济的健康发展。

针对中国当前转型发展中提出的统筹城乡发展、建设新农村战略目标，以及农户的信贷需求与正规金融机构的信贷供给不匹配的问题，要想深化农村金融改革以及扩大对"三农"的信贷支持，必须保证信贷资金的安全，完善农村信用体系建设。农村信用体系的建设离不开对农户个人信用评价与征信系统的构建，这也是我国农村金融市场能够稳健运行和改善农村金融生态环境的必要条件。虽然我国一直在推进城镇化建设，农村居民的绝对数值和占比都在逐年减少，但2016年中国统计年鉴中的数据显示，我国农村居民仍有6.03亿人，占总人口的43.90%。所以，对诚信农户进行评价研究，针对农户构建一个适应和服务于新农村建设的信用评价机制，一方面可以用来防范金融风险，改善农村金融生态环境，达到促进社会主义新农村稳健发展的目的；另一方面，构建农户信用评价体系可以对我国农户信用行为进行理性归纳，也有助于推进以及完善社会信用体系的构建。

1978年改革开放至今，中国农村金融走过了一条非凡的发展道路，在支持"三农"经济发展上做出重要贡献的同时，自身也取得了长足发展。2008年美国次贷危机引发了全球金融危机后，我国就已经开始逐渐关注农村金融安全问题，开始加强农村信用体系的规范建设。中国共产党在十七届三中全会上提出了关于加快农村信用体系建设的决定；2009年，中国人民银行提出《关于推进农村信用体系建设工作的指导意见》（银发[2009]129号）；2010年中共中央1号文件又明确指出，"搞好农村信用环境建设，加强和改进农村金融监管"；2013年，中国银监会办公厅《关于做好农村金融服务工作的通知》（银监办发[2013]51号）再次强调要"切实加强涉农信贷风险管控，保障涉农银行业金融机构可持续发展"。作为农村金融体系建设的重要内容，我国农村信用体系建设经过若干年的实践和摸索，通过农户信用档案建立，"信用户"、"信用村"、"信用镇（乡）"的创建等已经取得了一定的成果。中国人民银行在金融服务报告（2013年第1期）中写道："农村信用环境建设持续推进，农村金融生态环境逐步改善中"。近几年的中央一号文件中也都强调了农村信用体系建设的重要性。但是，由于农户居住环境较分散，各地区对个人信用、信用村（镇）评价标准的不统一；转型发展中农户外出打工人数不断增多，农村劳动力大规模转移到城市以及城乡结合部，有些人甚至常年在外，流动性较大，使得农户信用档案建设不完善；在信用评价体系构建上没有一个统一的适用于农户特点的方法，并且国内金融机构对现有的一些农户信用综合评价运用不足，这些都严重影响了农村信用体系的构建和优化。

根据2015年中国金融年鉴中银行业金融机构不良贷款统计数据可知，我国金融机构不良贷款率近几年一直在下降，从2010年的2.40%下降到2014年的1.60%。但通过分机构统计不良贷款率的数据，可以看到农村商业银行不良贷款率一直位于各金融机构首位，2014年竟然高出金融机构不良贷款率平均水平0.62个百分点。分行业统计不良贷款率，农林牧渔业也一直很高，2014年更达到2.64%。

显然，在中国整个金融市场的发展进程中，农村金融市场的信贷安全问题仍然很严重。从农村金融长期的发展形势来看，农村信用体系建设还需要不断完善，尤其是一直欠缺的农户信用评价研究。在当前中国城乡一体化建设和支农惠农政策大力推行的转型发展背景下，如何公正客观地对农户的信用进行评价，缓解农户贷款难现象，如何规范农村金融市场，如何提高农户的信用意识，如何帮助金融机构有效防范风险，如何在全国范围内构建一个相对统一、科学、完整的信用评价指标体系来完善目前中国农户信用评价中存在的问题，已经成为政府、金融机构和学术界所共同关注并且急需解决的问题。

纵观西方发达国家推进信用管理的历程和经验可以发现，形成完整的信用体系的一个基本要件是能对相关主体进行公平、公正的信用评价。因此本书通过对农户的金融行为及自身特点进行分析，选择能反映农户特点的指标并构建指标体系并进行多维度评价，在信用评价的基础上来构建"诚信农户"信用评价体系。

1.1.2 研究意义

从理论而言，我国的信用评价研究一直是经济金融研究领域中相对薄弱的一个环节，其中针对特定群体——农户的信用评价研究还处于探索阶段。本书参考已有的信用体系建设和信用评价的理论成果，同时结合新形势下我国农户自身的发展特点来探索如何构建农户信用评价体系，可以为今后更加深入的研究提供以下理论支持。

第一，在指标选择上，针对个人信用评价的特殊群体——农户构建信用评价指标体系，结合新形势下中国农户的自身特点以及中国农村社会发展中典型的熟人社会特点来选取评价指标会更有针对性。分区域进行信用评价，深化了我国在农户信用评价上的理论研究，为农村信用体系建设提供理论基础，具有一定的参考意义。

第二，农户信用评价其实是个人信用评价的一个特例，当前在大数据环境下，国内外科研机构以及商业银行越来越重视数据挖掘方法在信用评价上的应用，其实个人信用评价本质上就是数据挖掘中的分类问题。将数据挖掘领域中具有较好分类性能并且可以高效地处理高维数据的支持向量机方法引入农户信用评价研究中，并且依据农户的信贷数据特点从违约判别、违约概率输出、违约损失率预测三个维度构建全方位的评价模型，丰富了农户信用评价方法，也可以更加精确、全面地对农户信用进行评价。

第三，结合农户自身及其信贷行为的特点对农户信用评价进行研究，丰富了农户信用评价理论。通过构建信用评价体系，选择影响农户信用行为的因素，可以为新时期农村金融发展和农户金融行为的研究提供一定的理论参考。

在实践方面，建设新农村是我国经济规划的重点内容，支农惠农是我国当前发展的重要政策，解决"三农"问题、加快推进城镇化建设是我国当前社会发展的重点项目，而这一切都与农户息息相关。农户是农村市场的主要参与者，也是农村金融的关键主体，小到农户自身的发展，大到国家政策的顺利实施，都离不开构建一个科学完善的农户信用评价体系。建立健全农户信用评价体系，可以切实加强农户诚实守信的经营理念，解决农户信贷困难、金融需求得不到满足的现状，也可以真正提高农村的信用环境、促进我国农村金融、经济的健康发展。本书的现实意义具体有以下几点。

第一，改善金融机构向农户提供信贷支持时面临的信息不对称问题，减少金融机构信贷管理成本。建立健全农户信用评价体系和征信系统，可以为金融机构提供一套全面的农户信用评价工具，对农户的真实信用进行准确评价，又为金融机构提供了全面的审核信息，从而改善金融机构对农户的审贷模式。通过农户信用评价体系的构建，可以健全金融机构的风险管理体系，减少涉农贷款的管理成本和信贷风险，进而增加各金融机构对农村的信贷投放量，提高金融机构对农村社会建设和经济发展的投资效率。

第二，提高农户的信用意识，净化农村信用环境。通过构建农户信用评价体系可以强化农户对农村信用评价体系建设的认识，让农户更清楚地看到信用评估带来的便利性和行为制约性，认识到怎样的行为会导致不良的信用评估结果，进而直接影响自己在信贷申请及农村金融活动中的畅通性，使得农户更加重视个人信用，从而净化整个农村的信用环境，促进我国农村经济的健康发展。

第三，优化农村社会治安环境，推动和谐诚信农村建设。推进农户信用评价体系的构建和征信系统的完善，在提高农户信用意识的前提下，更有利于整个农村社会的和谐发展。自古以来，中国的传统理念就是以诚信为本，为人处世要以诚实守信为道德基础，信用不仅是个体行为，更是发生人与人之间的社会关系。我国农村社会是典型的熟人社会，农户信用意识的提高会净化整个农村的社会环境，通过信用评价机制构建的约束体系也可以对不诚信的行为进行一定的约束。在人与人之间的信任度提高后，无形中增进了邻里之间的互帮互助，保障了社会的安定团结，这与我国新农村建设的精髓是相一致的。

针对不同地区构建口径统一的、方法科学的信用征集机制，并指导金融机构对评级信用结果进行合理运用，才能充分实现我国金融机构在建设新农村和支持"三农"发展过程中提供充足资金的任务，才能保障我国农村金融市场稳健的发展，才能实现社会效益和农村经济的双赢。

1.2 农户信用评价相关研究

1.2.1 农户借贷行为研究

农户的借贷行为是农户信用状况最直接的表现，也是农户最主要的经济行为，发达国家和发展中国家农户的经济行为是有显著性差异的。在发达国家，农村金融深化程度比较高，农村信贷市场是一般信贷市场的一个组成部分，与一般的信贷市场差别不大，农户多表现为向正规金融机构获得信贷资金。但在发展中国家，特殊的经济发展状况和社会环境，城乡一体化程度较低、农户信用信息获取困难等，导致了普遍存在的"金融抑制"现象以及正规金融与非正规金融并存的二元经济结构特点，这些都使得发展中国家农户的借贷行为与发达国家农户相比有截然不同的特点。

对农户经济行为的研究主要基于三种假说，第一种是以T. W. Schultz(1964)[2]和S. Popkin(1979)[3]为代表人物提出的理性小农假说，认为小农也是"理性经济人"，以追求利润最大化为目的。第二种是以A. V. Chayanov(1986)[4]和J. C. Scott(1977)[5]为代表人物提出的"生存伦理"、"道义经济"理论，强调小农生产以满足自家生计需求为目的而非追求利润。第三种是黄宗智(1986)[6]通过对中国华北地区农户的调查，提出的用"内卷化"概念刻画中国华北地区小农农业的经济逻辑。为了维持生计，在耕地少、边际回报率低的情况下农户需要继续生产，小农经济出现了"过密化"现象。他对中国农户行为特征提出了分层次分阶段综合假说。

在三种假说下，国内外学者对发展中国家农户的借贷行为特征进行了很多研究。部分学者针对农户借贷动机进行了研究，纪志耿(2007)[7]在分析了农户经济行为的三大假说后，提出农户的借贷动机是一个动态演进的过程，随着收入水平的提高和投资机会的增加会依次经历生存性借贷、抑制性借贷、投机性借贷、消费性借贷、生产性借贷五种形态。针对当前农户借贷行为的研究，大部分学者将借贷动机和借贷用途一起分析，将生存性借贷和消费性借贷行为合称为生活性借贷或者生存消费性借贷，长期以来，大部分国外学者有关发展中国家农户的借贷动机和借贷来源的观点是：对正规金融机构的贷款需求主要以生产为主，而对非正规金融的借贷则以生活性借贷为主。M. Zeller(1994)[8]、A. Kochar(1997)[9]、P. B. Duong(2005)[10]、F. N. Okurut(2005)[11]在文章中都表达了类似观点。虽然中国也属于发展中国家，但受到特殊的发展历程和文化背景的影响，中国农户对正规和非正规信贷的需求均以消费为主。黄祖辉(2007)[12]通过分析认为已有研究在概念理解、研究思路以及问卷设计上出现了偏差，高估了农户对正规信贷的生产性需求。通过实证分析说明中国富裕与非富裕农户对正规和非正规金融借贷的需求均以生活消费性为主。贺莎莎(2008)[13]、张庆昉(2010)[14]分别对不同时期湖南省某地的农户进行问卷调查，结果显示大多数农户的借贷需求是通过非正规借贷得到满足的，而且非正规借贷是农户首先考虑的借贷途径，农户借贷主要用于生活消费，其中占比最大的为建房借贷。童馨乐(2012)[15]基于2011年对中国六个省份的调查数据再次证明了当前中国农户对正规和非正规信贷的需求均以消费为主，用于生活性支出依然是农户借贷的主要目的。概括而言，对于借贷动机或者说借贷用途的分析，大部分学者认为我国农户的借贷需求依旧以生活性借贷为主，但生产性借贷的比例在逐渐上升。国内外学者的主要争议集中在农户对正规金融和非正规金融借贷的需求差别上，即借贷来源的争议。国外大部分学者坚持发展中国家农户向正规金融借贷多以生产为目的，而对非正规金融的借贷则以生活消费为主要目的。这与对中国农户借贷行为的实证分析是有差异的，我国由于特殊的国情和发展状况，当前对正规和非正规信贷均以生活消费为主要目的。

还有一些学者则通过对影响农户借贷行为的因素进行研究，通过收入、就业、教育水平等特征将农户划分为不同群体进行研究。李延敏(2008)[16]将农户借贷行为分为三种类型：被动借贷型农户、保守借贷型农户和主动借贷型农户，进而将信贷市场分成了三个层次。王定祥(2011)[1]分析了贫困型农户的借贷需求，发现主要是用于满足生存消费。秦建群(2011)[17-18]根据中国农村金融学会在全国范围内调查的数据得出：高收入的农户对正规金融与非正规金融的选择行为相互独立，而中等收入与低收入的农户对正规金融与非正规金融的选择行为会相互影响。张庆昉(2010)[14]通过对转型发展时期的湖南省农户进行问卷调查，发现在转型发展过程中农户的就业、收入、消费结构等都发生了很大变化，农户的主要收入仍然来自第一产业，与此同时来自第三产业的收入占比在不断增大，正逐渐代替第一产业成为农户收入增长的主要来源。曾学文、张帅(2009)[19]抽取中国12个省市的农户进行借贷需求的调查，按照收入水平和地区分成不同的群体进行研究，发现收入水平对高收入农户借贷需求的影响要比对低收入农户的影响显著，同时中低收入农户对借款利率的变动较为敏感；而借款期限只对中部和东北地区农户借贷需求影响显著。顾宁(2012)[20]则通过对辽宁省农户的信贷行为分析，发现生活借款仍然是农户借款的主要原因，并且多集中于中低收入农户；农业收入以及当地的工商业收入越高，则贷款主要用于生产方向的概率就越大，一个地区的信贷水平和经济发展有着良性的互动关系。

除了上述原因，越来越多的学者开始考虑社会资本这一非经济因素对农户借贷的影响。M. Weber(1905)[21]、F. Fukuyama(1995)[22]等学者指出一个国家的传统文化影响其经济发展的步伐、运行模式以及上层建筑。F. Allen(2005)[23]在文章中也提到了中国文化中对关系的重视，会减少交易双方的不信任从而降低交易成本。张爽、陆铭等(2007)[24]通过对中国农户的实证分析证明社会资本可以减少贫困，但作用会随着市场化发展逐渐减弱。收入对农户借贷行为有影响，社会资本又影响收入，间接得到社会资本影响农户的借贷行为。B. Wydick(2011)[25]通过对危地马拉农户信贷进行分析，得到社会资本影响着农户的信贷配给。近几年国内也有很多学者从社会资本、社会文化方面对影响农户借贷行为的因素进行了深层剖析。张建杰(2008)[26]指出社会资本水平与农户正规借贷发生概率正向相关。郭梅亮(2011)[27]主张在具有深厚传统文化习俗的中国农村，应当注重其经济行为的文化逻辑，农户基于对人情面子等传统文化习俗的重视，会寻求面子成本替换以节约交易费用。童馨乐（2011）[28]分析得出，农户所拥有的各种社会资本起着重要的信号传递作用，政治关系和邻里关系会显著影响农户的借贷行为。借助社会资本可以直接降低金融机构和农户之间的信息不对称程度，可以解决农户的信贷约束问题。张兵、李丹（2013）[29]通过对江苏地区农户的实证分析总结出农户拥有社会资本的多少直接影响着其借贷渠道和方式。

还有一些学者从不同区域的经济发展状况和城镇化进程，分区域对农户借贷行为进行了分析，李延敏（2005）[30]认为我国三大地带间的农户借贷水平的差距突出表现在东部与中、西部农户间的差距，农户借贷水平自东向西依次递减。而在借贷用途上，东部和中部农户趋向一种强化生活借贷弱化生产借贷模式，西部呈现弱化生活借贷强化生产借贷模式。周宗安（2010）[31]以山东省为例，通过分析得到农户贷款的主要目的是商业活动、消费支出等非农生产活动，贷款需求西高东低的结论。马晓青（2010）[32]通过对江苏3个县区农户的调查，发现苏北农户信贷需求的频率高、金额小、多为消费性用途；苏中农户信贷需求频率低、金额大、主要用于生产性用途；完全城市化的苏南农村信贷需求主要是消费性用途，三个地区农户的融资渠道都明显表现为以民间融资为主的特征。

根据以上研究，可以发现中国农户借贷资金的用途目前仍然以生活消费为主，不同地域农户都表现为生活性借贷与生产性借贷的比例在缩小，但不同的经济发展水平、不同收入水平的农户，其借贷资金的用途通常会有差异。可以肯定的是，农户对于借贷资金的用途是生产性和生活消费性并存的。无论收入水平、收入结构、受教育程度、农户家庭人口数等，还是社会资本以及传统文化习俗以及地域性差异等都会影响农户的借贷行为，再加上中国当前的发展状况及政策影响，农户的收入结构、收入水平以及思想观念等都有了很大的转变，具体针对农户的群体划分以及不同群体间借贷行为的研究还需要根据中国当前的数据继续深入挖掘，如何针对不同的群体提供差别化的金融服务是当前农村金融发展过程中需要解决的一个问题。

1.2.2 农户信用评价指标研究

国际上对个人信用评估指标的选择，最经典的是 5C 原则，着重从品格(character)、能力(capacity)、资本(capital)、抵押(collateral)、环境条件(condition)考虑个人信用品质。国外对农户信用评估多依照个人信用评估进行。国内学者则针对中国农户的特征，进行了更细致的研究。温涛等(2004)[33]结合农村经济金融现状选择了农户品质、农户人均年收入、农户财产和债务、农户的年龄、性别、受教育程度、居住地经济及稳定状况这几个指标并进行了农户信用评价。胡愈等(2007)[34]选择了家庭结构特征、偿债能力、农户的经营状况、信誉状况四个准则，总共设置了 15 个评价指标。刘宝磊等(2009)[35]通过对广东和河南农户进行分析，再次证实农户违约行为存在地域差异，同时发现除上述影响因素外是否为信用社会员、农户对农信社的服务评价也影响农户的违约行为。此外，杨宏玲等(2011)[36]基于价值链风险分析，将农产品的生产过程作为研究对象，分析其中影响农户还款能力的因素，加入了对农户的成长及创新能力的评价。而吴晶妹、张颖等(2010)[37]则从心理、社会和经济三个维度重新定义现代信用，并将其定义为信用主体自身的一种资本，用诚信度(品行、年龄、受教育程度、居住地的稳定性与其发展状况、生产方式)、合规度(遵纪守法情况、当地的奖惩情况、信用记录、健康状况)、践约度(家庭负担状况、对外担保情况、农户收入、家庭财产和负债情况)来建立 Logistic 回归模型进行预测。程砚秋(2011)[38]将表示农户富裕程度的恩格尔系数纳入了评价体系。

基于 5C 评级法，国内外学者的指标选取大部分集中在农户基本情况(户主年龄、受教育程度、婚否、家庭成员个数等)、偿债能力或者经济情况(收入额、收入结构等)、个人品行(信贷记录、邻里评价等)这几个大的方面，同时发现农户信用水平存在地区和群体间的差异，但是没有文献将地区和群体的差异构建到评价体系中，也没有对农户不同群体的信贷行为进行过深入分析。村庄的自然情况在一定程度上影响着农户的收入，村庄整体的信用状况在某种程度上也会影响单个农户家庭的信用[39]。所以在衡量农户信用时，应考虑宏观环境以及影响农户借贷行为社会资本、地域差异和风俗习惯这几大因素。

大部分学者在研究指标体系时是根据既定的经济理论或者准则来选取评价指标，在构建指标体系时存在信息冗余，或者所选择的指标代表性不好的情况。在指标筛选上代表性研究包括：M. Sugiyama (2007)[40-41]基于Fisher判别分析，即分别针对无分类标签的数据和非线性降维提出的半监督的局部Fisher判别分析法(SELF)和通过核技巧变形的局部Fisher判别分析法(LFDA)这两种特征提取的改进方法。迟国泰(2009)[42]在指标选择上通过相关联分析、关性分析、聚类分析等方法删除信息冗余的指标，通过粗糙集、变异系数、因子分析等方法删除对评价结果影响小的评价指标。程砚秋(2011)[38]通过偏相关分析删除冗余指标，通过违约判别能力分析删除了对区分违约客户和非违约客户无效的指标，最终建立的指标体系可以用33%的指标反映84%的原始信息。Y. Aksu (2010)[43]、H. D. Li (2011)[44]依据支持向量机构建原理，按照变量对模型分类间隔的影响分别采用基于间隔的特征删除法(MFE)和间隔影响分析法(MIA)进行无信息变量的过滤。N. Nikolic (2013)[45]通过聚类分析将指标聚类，然后在每一类中选出判别信息量最大的指标来进行信用评估，极大地减少了指标的数量，并且避免了指标之间的相关性影响。对于指标间属性相关性的分析，陈永明(2012)[46]采用AHP和试验评价实验室(DEMATEL)方法，同时考虑了指标的层次结构和指标之间的相互依存关系，对信用评价指标之间的相互影响关系进行建模分析，使得评价结果更科学。帅青红(2013)[47]则运用单因素方差分析、因子分析对变量进行属性约简。

构建农户信用评价的指标体系时，除了依据经济理论、成熟的评价标准，还需要通过分析特定时期中国农户的信贷行为特点来选取指标，并且对选取的指标进行筛选、清理，这样才能保证评价指标体系构建的科学性和准确性。

1.2.3 信用评价方法研究

现代信用评价最早出现在美国，其前身是商业信用评级。19世纪美国的商业银行对借款人的信用十分不了解。在此背景下，1837年，路易斯·塔班建立了最早的评级机构，并在1849年发表了最早的评级理论以及方法，即《信用评价指南》。1890年，约翰·穆迪创办了穆迪评估公司。1941年，标准普尔公司成立。目前，穆迪和标准普尔公司是美国乃至世界两大最权威的客户信用评价机构。最早进行个人信用评估的是统计师亨利·威尔士，他最先采用定量方法对消费者个人的信用申请进行打分。20世纪50年代，数学家费尔和工程师艾萨科在美国旧金山成立了第一家专门致力于信用评分的个人消费信用评估公司，并建立了美国三大信用机构的FICO信用评价指标体系，主要因素有五类：客户的信用偿还历史、信用账户数、使用信用的年限、正在使用的信用类型、新开立的信用账户[39]。FICO准则是当前国内外较为经典的个人信用评价指标体系。但是我国个人信用制度还不完善，再加上FICO算法是保密的，所以这种方式在我国应用起来难度较大。根据具体的信用评价方法，国内外学者的研究主要可以概括为以下几大类。

(1) 古典信用评价

以5C信用评级法为基础建立评价指标体系，专家对评价指标进行定量估计之后，给出综合评价得分的方法统称为古典信用评价法，属于信用评价方法发展的初级阶段，具有代表性的就是专家评价法。关于信用评价法，国内外学者的研究重点主要分为两部分，一是指标的选取，二是权重的计算。

国外对于个人信用评价的研究很少区分特殊群体，现有文献多是针对普通群体的个人信用评估，而没有专门针对农户构建一个信用评价体系，即针对农户的信用评价，中国主要有三大金融机构分别构建了自己的评价体系，即中国农业银行、中国邮政储蓄银行、农村信用社。各大金融机构基本都把还款意向、还款能力、个人基本情况考虑纳入指标体系中，但选择哪些二级指标来体现一级指标却各有千秋，每个机构的侧重点不一样。农村信用社把社会信誉也

第1章 引 言

纳入指标体系中。

目前比较常用的确定权重的方法可以概括为主观赋权法(层次分析法、不确定型层次分析法、德尔菲法等)和客观赋权法(主成分分析法、熵权法等),考虑到主客观赋权法各有优缺点,近些年许多学者将研究重点放到了综合主、客观赋权结果的组合赋权法。具有代表性的包括:周宇峰(2006)[48]通过计算属性权重向量的相对熵来确定其在权重集成中的加权系数;陈伟(2007)[49]基于离差平方和最优来综合主客观赋权方法得到的权重;陈永明(2012)[46]结合决策与试验评价实验室方法与层次分析法对农户信用评价指标进行赋权,修正了单一采用层次分析法出现的主观性太大的问题;W. Guo(2013)[50]将粗糙集和层次分析定权法相结合来确定指标权重;陈文君(2013)[51]首先通过层次分析法得到主观权重,通过熵得到客观权重,然后运用最小二乘法得到优化组合权重;李杰等(2013)[52]采用层次分析法、网络分析法、熵权法和变异系数法分别对农户信用评价指标进行赋权,以兼容度大小检验每个赋权方法的优劣,然后基于相对熵的组合赋权法获得组合权重。

(2)统计方法

统计方法是信用评分研究中最受欢迎的方法之一,主要分为参数统计方法和非参数统计方法。常用于信用评价的参数统计方法有判别分析、Logistic 回归、Probit 回归等。非参数统计方法有最近邻、决策树、贝叶斯网络等。

判别分析的思想和数据挖掘中的分类思想类似,但本质是线性回归方法。其原理是从已有的分类情况中总结规律,确定一种判别方法,判定新个体归属于哪一类。判别分析最早运用可以追溯到1936年,Fisher(1936)[53]运用统计原理采用线性模型对能够区分两个类别的因素进行回归,从而得到实验样本的具体分类。D. Durand(1941)[54]将判别分析运用到了消费者分期付款的研究中,可以进行不良贷款的识别。之后,国内外许多学者将费舍尔判别方法引入了信用评价领域,最先将判别分析推广到信用评价中的学者是 R. A. Eisenbeis(1979)[55-56];E. Rosenberg 和 A. Gleit(1994)[57]也证明了运用判别分析进行信用评价可以得到较好的效果。国内运用费舍尔判别分析进行信用评价的研究包括：姜明辉（2003）[58]运用线性判别分析方法，通过显著性逐级检验确定了个人信用的多元回归方程并进行了检验；迟国泰（2006）[59]、徐少锋（2006）[60]都利用判别分析建立了个人信用评价模型。但是，判别分析本身存在一些局限性，使用时需要满足几个基本假设条件，比如各解释变量需要服从正态分布，各组解释变量的协方差矩阵要相等，并且解释变量间没有多重共线性等。当假设条件不满足时就会出现权重设定的问题或者判别函数选择的问题。

Logistic 回归模型是对线性回归模型改进的模型[61]。D. Martin（1977）[62]最先将 Logistic 回归方法引入到银行危机预警的分类问题中。之后，J. C. Wiginton（1980）[63]将 Logistic 回归模型与线性回归应用于信用评分的效果进行了对比，发现两者的结果差别不大，之后学者 A. Steenackers 和 M. J. Goovaerts（1989）[64]进行了后续研究。Logistic 回归所需要的假设前提相对于判别分析要少，可解释性好，所以国内的学者也更倾向于运用 Logistic 回归模型进行个人信用评价。庞素琳（2006）[65]、莫茜（2008）[66]、方匡南（2014）[67]等都在研究中采用 Logistic 模型进行了个人信用评价研究。Probit 回归与 Logistic 回归方法类似，也是一种非线性回归方法，B. J. Grablowsky 和 W. K. Talley（1984）[68]运用 Probit 回归模型进行了信用评价研究，但 Probit 回归模型的解释性相对差一些，所以没有得到广泛的运用。

最近邻是一种非参数统计学习方法，该方法无需假设变量的分布形式，依据聚类的原理对样本进行分类，S. Chatterjee 和 S. Barcun（1970）[69]最先将该方法运用到信用评价中，之后 D. J. Hand(1981)[70]、W. E. Henley(1996)[71]等学者也运用最近邻法进行了信用评价的研究。

决策树也是一种非参数统计学习方法，表示样本特征与类别之间的一种映射关系，可以用树状图表示，决策树在处理缺失信息上具有一定的优势，准确性较高。P. Makowski（1985）[72]、C. Carter（1987）[73]、T. S. Lee(2006)[74]等学者运用决策树方法进行信用评价研究均取得了较好的效果。

贝叶斯网络是 J. Pearl(1988)[75]最先提出的，该方法是基于贝叶斯公式进行概率推理的图形化网络，是对不确定知识表达和推理最有效的理论模型之一，但变量间因果关系的不确定性以及变量之间的相互作用，使得构造贝叶斯网络相比较其他方法时间复杂度很高。而且运用贝叶斯网络进行学习需要一定量的样本数据，如果训练数据太少得到的模型稳健性不高，该方法不适合小样本数据研究。这些缺陷使得贝叶斯网络在处理实际问题时效率不高。但也有一些学者运用贝叶斯网络进行信用评价研究，如李旭升(2009)[76]、N. C. Hsieh 和 L. P. Hung(2010)[77]等学者都在文中表明贝叶斯网络预测精度高、可解释性好、可以直观揭示评价指标与违约概率之间的关系。

随着大数据时代的到来，我们能够获得的数据量增大、数据结构呈现多样化，传统的统计方法有着以下不可避免的缺点：第一，当变量(属性)很多的时候，变量间的相关性以及共线性是建模前必须处理的问题，否则会得到误导性的结果，但是当变量数目足够大时，处理过程会很复杂；第二，多数方法仍然只是在考虑自变量和因变量之间的线性关系或者说函数关系，对无法用函数表示的其他关系则无法探究；第三，统计方法多基于假设，假设独立变量服从正态分布等，但实证数据往往不符合这些假设，基于这些假设所建立的模型的稳健性相对会差一些。相比之下，不受变量分布假设约束的数据挖掘方法开始更多地被国内外学者所关注。

(3)数据挖掘方法

20 世纪 90 年代，国外的学者开始将数据挖掘技术运用于个人信用评估当中。运用数据挖掘技术进行的信用评估也逐渐被商业银行和国内外学者所重视。基于数据挖掘的个人信用评估研究就是通过适当的算法，运用数学和统计学原理确定信用等级的一种方法。当前用得比较多的方法有神经网络和支持向量机方法。神经网络是运用数学方法模拟人类大脑神经网络行为特征，具有高度并行计算能力、自学能力的智能化信息处理技术。M. D. Odom(1990)[78]最先将神经网络方法运用到了信用风险评价中，在对银行进行破产预测中取得了很好的效果。V. S. Desai（1996）[79]、D. West（2000）[80]、R. Malhotra（2003）[81]、K. K. Lai（2006）[82]、王誉澍（2010）[83]、P. Hájek（2011）[84]等学者的后续研究均表明，神经网络不受数据分布的限制，而且对样本具有很好的适应性，无需考虑样本数据存在奇异值问题。但是神经网络由于稳定性较差、不具有可解释性等缺点，在应用上受到了一定的限制。

支持向量机（Support Vector Machine，SVM）是一种有着坚实理论基础的适用于少量样本的学习方法，可以用于处理线性和非线性分类问题，并且不同于传统统计方法从归纳到演绎的思维。支持向量机计算的复杂性仅取决于支持向量的数目，而不是样本属性的个数，可以用来处理高维数据，并且可以大大简化分类和预测问题。这些特点使得经济领域中越来越多的学者在解决分类及预测等问题时选择支持向量机作为研究方法。V. Gestel（2003）[85]最早将支持向量机方法运用到信用评价中，并且与神经网络方法进行对比，证明支持向量机的准确率明显高于神经网络方法。除此之外，还有很多学者在信用评价中采用支持向量机方法，具有代表性的包括沈翠华（2004）[86]、K. B. Schebesch（2005）[87]、肖文兵（2006）[88]、汪晓玲（2007）[89]、T. Bellotti（2008）[90]等。近些年，针对传统支持向量机存在的一些问题，不断地有学者对其进行改进，Y. Lean（2013）[91]提出了基于整体最小二乘法的近支持向量机（TLS-PSVM）方法，并通过对英国和澳大利亚信用数据的实证分析验证了 TLS-PSVM 可以减少离群点和噪声对分类效果的影响；L. Han（2013）[92]针对 SVM 应用在信用评价上可能面临的"维数灾难"问题，提出了基于正交降维技术的正交支持向量机方法，并与传统的主成分分析、组合 logistic 回归方法相比较，证明在信用评价上正交支持向量机具有更好的分类判别效果。

但由于单模型分类器各自有缺陷，像神经网络具有不稳定性以及缺乏可解释性等，支持向量机中核函数的选择具有一定的主观性。因此，近些年国内外学者对个人信用评分模型的研究重点转向组合分类器模型的构建，如刘玉峰（2011）[93]应用 subagging 方法构建组合分类器,提高了单分类器的判别性能;杨胜刚(2013)[94]将决策树与神经网络模型相结合构建了一个两阶段组合模型;M. D. Cubiles-de-la-vega(2013)[95]运用多层感知器对秘鲁的小额信贷机构贷款进行了评分,并与统计方法、单个数据挖掘分类算法进行了比较,证明基于多层感知器的评分模型可以将错分率降低到13.7%。

尽管目前有各种数据挖掘方法运用于信用评估中,但普遍都集中在对传统数据挖掘算法的应用研究上,很多在数据挖掘、人工智能等领域的新算法并没有被运用到个人信用评估尤其是针对农户信用评价的研究中。

(4)其他方法

除了上文所论述的几种方法,在处理个人信用评价等分类问题时,还有几种方法也比较常见,如专家系统法、线性规划法、数据包络分析、粗糙集理论等。专家系统是一个计算机程序系统,运用专家系统法进行信用评价是指根据信贷管理专家提供的经验和知识来制定贷款决策规则,并运用计算机和人工智能技术来模拟专家进行决策的过程。具体代表性的研究有 R. H. Davis 等(1992)[96]、K. J. Le-onard(1993)[97]、H. Talebzadeh 等(1994)[98]。线性规划法是运筹学中比较成熟的一个重要分支,运用线性规划法进行信用评价是指将个人信用评分转化为一个带有约束的最优化问题,E. A. Joachimsthaler 和 A. Stam(1990)[99]在文章中总结了如何运用线性规划法处理分类问题。数据包络分析(Data Envelopment Analysis,DEA)是运筹学与经济学等学科交叉得到的新方法,1978年由美国学者 A. Charnes 等[100]提出,是利用线性规划的方法对同类型样本进行评价的一种分析方法。之后,DEA 在信用评价领域中得到广泛应用,特别是在信息不完全、样本量较少的情况下能够有效地得到信用评价结果[101-104]。

中国独特的城乡二元发展结构与西方发达国家的发展历程是不同的,因此,借鉴发达国家的信用体系建设理论来构建中国农户的信用评价体系时更需要结合中国自身的发展现状、新农村建设情况、社会风俗习惯以及农户自身特点等来选取指标及构建方法。我国近些年上到国家层面下至乡镇村户，已经越来越重视信用体系的建设，但农村信用环境较差、农户信息采集困难、金融机构间信息流通不畅等，导致针对农户信用评价体系进行的研究工作十分有限，从现有的成果看，缺少一个相对统一的、指标明确的、构建方法科学的评价体系，缺少对农户的金融行为、信用行为的深入研究，没有区分出不同群体、不同地域间农户信用的差异。

对农户信用评价的研究，所用的方法还很单一，国内外针对银行贷款企业和普通个人信用评价的研究方法有很多，如前文总结的几大类，但针对农户这一特殊群体的研究所用的方法还很单一，多是信用评价中很传统的方法，许多信用评价的新方法以及统计、数据挖掘等领域中可用于分类或者评级的新方法还没有用到农户信用评估中。而且，国内针对农户信用评价，无论是对指标的选择还是评价方法的选择，没有一个系统地围绕中国农户收入结构、消费结构、区域特点等来构建的评价模型。在国家各个阶段不同政策的引导下，不同经济时期的农户经济行为有显著的差异，无论是借贷来源、借贷用途，还是理念都发生了变化，多数对中国农户进行信用评价的研究，并没有结合当前我国建设新农村、大力发展农村金融经济建设的大背景。我国农村金融数据较难获得，大多数学者是自行针对一个市或者一个省进行调查后，用得到的小样本数据进行研究，一方面在调查中本身就会有偏差，另一方面，中国是一个地域辽阔，并且各地区经济发展状况、社会习俗等差异较大的国家，小范围的调查并不能代表全中国的实际情况，无疑在运用上会有很大的偏差。

1.3 本书的主要工作与研究方法

1.3.1 主要工作

农户是农村金融客户中数量最多、分布最广泛的一个群体，农户的金融行为对整个农村金融的研究具有重要意义。农户的借贷行为作为金融行为的一部分,是农户最主要的经济行为,也是农户信用状况最直接的表现。只有认真分析农户的借贷行为特征及其影响因素,才能理解和评估农户的信用水平。

基于这一前提,本书的主要工作如下。

(1)本书对农户信用评价中涉及的基本概念进行了论述、分析了农户信贷市场中的信息不对称现象;对信用评价理论进行了阐述,并试图从经济学角度解释农户信用评价的意义;勾勒了进行农户信用评价的整体思路和步骤。

(2)本书对农户自身的特点和借贷行为进行了全面分析,通过多角度分析农户信贷行为特点,并结合中国家庭金融调查数据(CHFS),在现有研究的基础上根据新形势下中国农户的特点加入了反映农户日常生活合规度、成长创新能力、稳定性等方面的指标来弥补正规金融机构信用评价中指标设计的短板,构建了反映农户信用特点的评价指标体系。

通过日常生活中是否按指示灯走等社会交往层面的合规度、有无违约记录等经济交易层面的践约度来反映农户的还款意愿。除了农户的收入水平和资产状况,对农户还款能力的考察加入了可以反映农户成长及创新能力的指标,例如,通过教育培训支出、获取知识的意愿来反映农户洞察外界环境及新趋势变化的能力和掌握信息的速度。相比以往的文献,本书考虑到农户信用的外部特征较为明显,主要表现为收入的不确定性,再加上发展过程中农村人口的高度流动,以亲缘为核心的信任关系也随着家庭的迁徙和分割而进一步受到削弱,因此把稳定性从宏观环境指标层剥离出来,成为一个单独的准则,用从事现有项目年限、土地数量是否变更、本年收入与上年收入比较、收入增长与物价增长比较等指标来反映农户的稳定性。本书对农户信用评价指标进行了初选,初步筛选出 70 个会影响农户信用水平差异的指标。

(3)本书运用相关性分析方法并结合评价模型进行了两次指标筛选工作,有效避免了不同指标反映重复信息的问题,也降低了农户信用评价体系中指标的数量,可以用较少的指标反映较全面的信用评价信息。在保证分类效果的前提下，有效降低了农户信用评价模型的指标维度。

首先，运用可以判别非线性及非函数相关关系的最大信息系数和最大相关分析方法识别存在信息冗余并且判别效果不好的指标，可以高效地对指标体系进行过滤，避免指标反映重复信息。现有研究中大多数只采用仅能衡量线性相关关系的皮尔逊相关系数、偏相关系数等传统方法进行相关性测度，并不能全面考查评价指标的相关程度；其次，基于信用评价模型——支持向量机构建原理，运用间隔影响分析法进行指标的第二次筛选，可以保证支持向量机评价模型的泛化能力。依据评价模型的构建原理进行农户信用评价指标筛选是现有研究中在构建农户信用评价指标体系时不曾考虑的问题。

基于数据的可获得性原则并运用最大信息系数和最大相关分析对初选的指标体系进行过滤，删除数据不可获得的指标和存在冗余信息并且判别效果不好的指标，初步构建了包含47个指标的农户信用评价指标体系。

(4)本书采用中国家庭金融调查(CHFS)的数据对全国范围内的农户进行分析，通过实际数据验证了很多学者提到的农户信用活动存在的地区差异性，分地区构建了农户信用评价指标体系，并结合东、中、西部地区指标体系的不同特点分析了地区差异产生的原因，弥补了现有研究只对一个省或市的农户进行信用评价的不足。

李延敏(2005)[30]、周宗安(2010)[31]、马晓青(2010)[32]等学者通过对中国农户信贷行为进行实证分析研究，均发现中国农户的信贷行为区域差异显著，但是现有的农户信用评价体系构建并没有体现区域差异，大部分学者是针对一个市或者省的农户进行信贷分析。根据中国农村当前发展的区域差异，针对不同地区构建有差异的信用评价体系可以在一定程度上缓解不发达地区农户贷款难的问题。

本书分东、中、西部地区分别构建了包含33、31、32个评价指标的农户信用评价指标体系，并对三个地区的指标体系进行对比分析，得出农户信用差异性产生的原因。

(5)在评价模型上,本书将数据挖掘领域中对于少量样本具有较好分类性能的支持向量机方法引入农户信用评价研究中,并且从农户违约判别、农户违约概率估计、农户贷款违约损失率预测三个维度运用支持向量机分别构建三个评价模型,对农户信用水平进行全面的评价。

当前,农户信用评价中存在的最大问题就是用于评价的数据不整齐、历史数据量小、数据并不呈现正态分布。面对当前的数据问题,在中国完善农户信用体系建设之前,只能寻找一个较优的方法来应用这些数据进行问题分析,而支持向量机最大的优势就是能很好地处理高纬度、小样本的数据。已有的针对农户信用评价的研究中,构建农户信用评价模型基本都只在衡量贷款是否违约或者违约概率。但其实无论哪个衡量标准,都没有全面地对农户信用水平进行评价,不能从根本上解决涉农贷款不良贷款率高的问题。而且,在对农户进行违约判别的过程中,"违约"样本错判为"不违约"和"不违约"样本错判为"违约"这两种情况给金融机构带来的损失是有很大差别的。因此,本书通过构建代价敏感的支持向量分类模型对农户违约判别及违约概率进行了研究,然后又从农户贷款违约损失率预测的角度对农户信用水平进行了评价,从三个维度全面构建了基于支持向量机的农户信用评价体系,给金融机构审核农户贷款提供了一个较客观的依据,可以有效降低金融机构涉农贷款的不良贷款率,提高金融机构涉农贷款的信用风险管理水平。

(6)在中国整个金融市场的发展进程中,农村金融市场的信贷安全问题一直很严峻。从农村金融长期的发展形势来看,农村信用体系建设需要不断完善。基于当前中国城乡一体化建设和大力推行支农惠农政策的背景,本书分析了新形势下中国农户的特点,并依此对东、中、西部地区农户分别构建了信用评价指标体系;然后,从农户违约判别、农户违约概率估计、农户违约损失率三个维度对农户的信用进行了全面评价;最后,根据当前我国农户信用体系的构建现状,围绕农户信用评价研究中存在的问题,根据本书研究得出的主要结论并结合中国社会信用体系建设规划纲要(2014—2020年)提出了完善农户信用体系的相关建议。

1.3.2 研究方法

(1) 农户信用评价指标体系的构建方法

首先，结合现有的研究和我国农户信用管理现状，总结了构建农户信用评价应该遵循的六个原则——全面性、目的性、层次性、可比性、导向性、普遍性，并依据上述原则对农户信用评价体系进行了初选，尽量使初选的指标集成为现有农户信用评价指标的全集。其次，运用两种可以识别指标间非线性相关关系的相关分析方法——最大信息系数和最大相关分析对信息冗余指标进行了过滤。最后，依据支持向量机构建原理——分类间隔最大，运用间隔影响分析法对信用评价指标进行了第二次筛选，对评价指标体系进行了优化，最终组成了可以用少量指标评价农户信用水平的指标体系。

(2) 农户信用评价指标的标准化方法

考虑到构建评价指标体系时，依据指标属性可以分为定性指标和定量指标，其中定量指标，由于蕴含评价信息的差异，不同的指标往往具有不同的方向和量纲，可以分为正向指标、负向指标和适度指标，分别采用不同的方法对不同类型的评价指标进行标准化，可以有效避免人为打分产生的误差。本书选择了可以保留原始指标变异程度并且不受指标极大极小值影响的均值化方法来对指标进行无量纲化。然后，又用鲁棒性较强的"减法一致化方法"对指标进行了同趋势化；对于定性数据，先从经济理论角度进行理性分析，根据经济意义以及现有的打分准则，对农户信用评价指标体系中的定性指标制定合理的打分标准。同时，对农户信贷数据进行分析，依据指标数值的分布特点选用等距打分和不等距打分来拉大评价指标数值之间的差异。

(3) 农户信用评价模型的建立方法

考虑到现有研究只是围绕违约判别进行，没有对农户信用水平进行全面客观的评价，因此，本书运用支持向量机方法，分别从违约判别、违约概率输出、违约损失率估计三个角度构建模型对农户信用进行评价。支持向量机方法在处理高维小样本数据的分类问题上具有明显的优势。考虑到两种违约错判带来的风险不同，本书在

第1章 引言

构建农户违约判别模型时采用了代价敏感的支持向量分类模型，通过比较不同的惩罚参数下模型的两类错判率得到了最优的参数，进而建立了农户信贷违约判别模型；其次，在估计农户违约概率时，利用包含两个参数的Sigmoid函数作为映射关系对代价敏感的支持向量分类模型的输出结果进行转换，来近似表示后验概率，通过实证分析验证了该模型概率输出的均方误差在可以接受的范围；最后，运用支持向量回归模型对农户违约损失率进行预测，预测结果误差较小。

1.4 本书基本框架

第1章是引言。本章阐述了中国当前统筹城乡发展、建设新农村的发展战略目标，以及在此过程中出现的农户的信贷需求与正规金融机构的信贷供给不匹配的问题，分析了进行农户信用评价的理论意义和实际意义；对国内外农户借贷行为、信用评价指标、信用评价方法的研究现状和存在的不足进行了阐述；论述了本书的研究内容、方法、主要的工作和创新点。

第2章是农户信用评价理论。本章立足于农户、农户信用的概念和特点，分析了农户信贷市场中信用评价缺失所导致的信息不对称现象；对信用评价理论进行了阐述，并从经济学角度论述了进行农户信用评价的意义；建立了农户信用评价框架，勾勒了进行农户信用评价的整体思路和步骤，为以后各章节的展开理清了思路，提供了理论支撑。

第3章是农户信用评价指标体系初建。本章以中国家庭金融调查（CHFS）数据为基础，分析汇总了国内外相关研究中的农户信用评价指标，通过最大信息系数和最大相关分析方法对信息冗余的指标进行了删减，初步构建了包含47个指标的农户信用评价指标体系；通过选取日常生活中是否按指示灯走等反映社会交往层面的合规度、有无违约记录等反映经济交易层面的践约度的指标来考察农户的还款意愿；通过教育培训支出、获取知识的意愿和能力来反映农户洞察外界环境及新趋势变化的能力和掌握信息的速度；把稳定性从宏观环境指标层剥离出来，成为一个准则，用每年农业生产时间、在本地居住时间、土地数量是否变更、本年收入与上年收入比较、收入增长与物价增长比较等指标来反映农户的稳定性。

第 4 章是农户信用评价指标体系优化。本章依据支持向量机最大间隔的原理选用间隔影响分析法对第 3 章中初步构建的包含 47 个指标的农户信用评价指标体系进行优化，按照农户信贷的区域性差异分东、中、西部地区分别构建了包含 33、31、32 个指标的农户信用评价指标体系；对构建的农户信用评价指标体系与农户信贷特点、正规金融机构的审贷指标以及 5C 准则进行了对比分析，证实本书构建的指标体系可以体现中国农户的信贷特点，同时也基本符合 5C 准则，完成了下文构建信用评价模型的前期准备工作——指标选择。

第 5 章是基于支持向量机的农户信用评价模型构建。一是在两类样本点错分带来的损失不同的情况下，利用代价敏感支持向量分类模型构建了基于不同损失的农户违约判别模型。通过实证分析表明该模型在折中两类错判率和提高整体分类精度上有很好的效果；二是利用包含两个参数的 Sigmoid 函数作为映射关系对代价敏感的支持向量分类模型的输出结果进行转换，建立了农户违约概率输出模型，并通过实际数据验证了该模型的有效性；三是选用 ε - 不敏感损失函数，构建用于农户违约损失率预测的支持向量回归模型。通过这三个维度对农户信用水平进行研究，可以得到全面客观的农户信用水平评价。

第 6 章是完善农户信用评价体系的相关建议。通过前几章对农户信用评价指标体系和评价模型的构建，围绕农户信用评价研究中存在的问题，结合主要研究结论，针对完善农户信用评价体系提出了根据农户信用特点完善指标选择、结合区域特点分地区构建指标体系、三维一体客观评价农户信用水平、健全农户信用信息共享传递机制、打造农村信用文化环境及奖惩制度等建议。

本书采用理论模型与应用研究相结合的方法，以客观全面评价农户信用水平，规范涉农金融机构审贷流程，完善农户信用体系建设为主线，对农户信用评价问题进行了研究，具体技术路线如图

1-1 所示。本书从信用评价理论入手，明确了农户、农户信用的含义及特点，分地区构建了能显著区分违约客户、非违约客户的农户信用评价指标体系；建立了农户信用评价模型，并对我国农户的信用状况进行了评价；最后，为规范农户信用评价体系提出针对性建议。

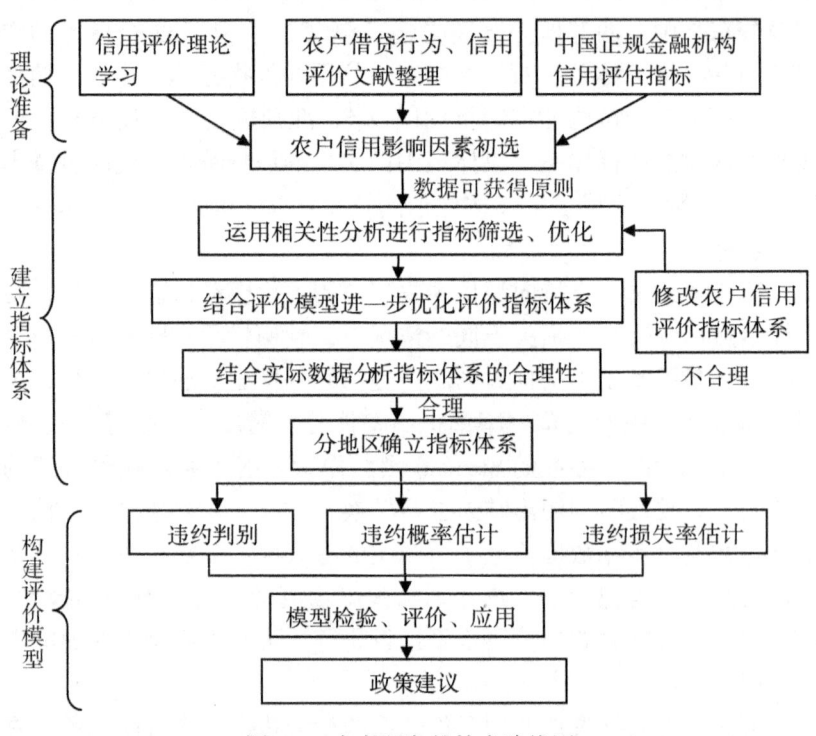

图 1-1　本书研究的技术路线图

第 2 章 农户信用评价理论

根据德国旧历史学派代表人物布鲁诺·喜尔布兰德(Bruno Hildbrand)和马克思对市场经济的分析,商品经济、货币经济、信用经济是市场经济在不同发展阶段所表现出的特点。信用是商品交换的基础,是市场经济健康发展的保障,是金融活动形成和发展的前提。信用活动直接决定着经济活动的特征,所以信用经济是市场经济的高级形式,成熟的市场经济就是信用经济。而信用关系是由诸多因素组成的一个有机整体,鉴于中国当前大力推行惠农政策、解决"三农"问题、构建社会征信系统发展战略的国情,农户信用无疑是信用关系中较为关键的一个环节,合理的农户信用关系对我国市场经济的发展起着重要的推动作用。

2.1 基本概念

2.1.1 信用

研究农户信用评价,首先应该明白"信用"的内涵。从 17 世纪中期开始以威廉·配第、亚当·斯密、大卫·李嘉图等为代表兴起的古典学派,对信用产生的原因持两种观点:一种是货币分配不均论,另一种是货币资本闲置论。古典学派关于信用的论述是信用理论形成的基石。对于信用的理解,在经济学、社会学、心理学、法律等不同领域有不同的认识。本书主要研究农户在市场经济活动中的信用,所以主要从经济学的角度来定义信用的含义。理论经济学把信用分为广义信用和狭义信用。

广义的信用是从社会学的角度定义的,是道德范畴的信用,是一切社会经济活动的基础。广义的信用指获得信任的资本，是在经济社会生活的各个方面以诚实守信为道德基础的履约行为，是主观上的守诺和客观上践约的统一，是遵守诺言、取信于人这一道德准则在经济社会生活中的体现[105]。这个范畴的信用，对应的是整个社会的健康发展。

狭义的信用是作为经济和金融范畴的信用，把信用当做商品经济中价值运动的一种特殊形式，是不同经济主体之间资金的借贷和商品的赊销预付等行为，反映的是由于货币或商品使用权的暂时转移使用而产生的债权债务关系[106]。狭义的信用是建立在授信人承诺在一定期限内以还本付息为条件的获取价值让渡的能力，即授信方不用立即付款就可以获得商品或资金的能力。狭义的信用对应的是市场，是为经济交易服务的，例如，金融借贷、商业贸易来往等。

近年来，也有学者对信用的内涵进行了扩展。魏玮（2002）[107]提出信用在市场交易中的"隐契约"特征，表现为信用并没有在交易双方的契约中出现，而是作为一种交易双方默认的有约束力的制度规则来维护交易双方利益的。

综上所述，"信用"是可以解释为基于书面契约形式和以诚实守信、遵守诺言为道德准则的隐性契约规则，进行的商品或资金的跨期交易的特殊价值运动，信用的"好""坏"主要取决于受信人主观的践约意愿和客观的践约能力两个方面，前者受人格操守的影响，后者受财产实力和创造价值能力的影响。因此，本书对"信用"的评价着重通过还款能力和还款意愿来考察。

2.1.2 农户

根据2014年《中国统计年鉴》公布的数据，2013年年底，我国乡村人口为62961万人，占全国人口的46.27%，可以从一个侧面表明农户仍然是当前中国经济社会生活的重要经济主体。农户是社会组织形式的一种，通常有三种定义：一是按照职业划分，从事农业生产为主的家庭；二是按照地区划分，居住在农村的家庭；三是按照家庭身份划分，国外一般指不享受国家福利、政治地位相对较低的家庭，在中国可以按照户籍来进行划分。

同时，农户因其独特的生产生活方式，具有以下特征。首先，农户是具有生产和消费双重特性的生产组织，农户生产的产品首先需要满足自身的生活需要，其次也会像一般生产经营单位一样以追求利润最大化为生产动机；其次，农户受传统风俗习惯影响较大，社会关系以血缘、地缘关系为主，具有地域性特征；最后，我国各地的经济发展程度不同，农户可以分为纯农业户、兼业户等不同类型，不同类型的农户抗风险能力，以及应对市场变化的反应速度有着明显的差异。

基于我国当前的发展形势和三农扶持政策的考虑，为了研究的全面性，本书对农户的定义取了上述三种情况的并集，即把以从事农业生产为主，或者生活在农村地区，或者户口为农业户口的家庭定义为农户。

2.1.3 农户信用

正规金融机构与农户之间的信贷活动实际上直接面对的对象是个人而不是农户，农户信贷过程应当说是农民个人与正规金融机构之间进行的信贷交易。但是，农村社会是一个熟人社会，存在着土地依恋，家族概念以及由此形成的圈层结构比个人在农村中更为重要，所以农村中许多经济社会活动实际上是以家庭为单位进行的。因此，与其说是农民与农村金融机构之间的信贷往来，不如说是农户与农村金融机构之间的交易。

传统意义上的农户，自给自足，大多以自然户为单位，农户与农户之间并不形成合作关系，也不会出现规模性、集约化的生产和经营。因此，传统意义上的农户信用，仅仅指邻里之间的诚信交往和农民个体的诚信意识，并非现代意义上的经济信用或社会信用。但随着社会的进步和经济的发展，农民的思想观念和生活方式有了很大转变。中国的农户已经从传统意义上缺少相互合作关系的自给自足式生产方式进行了转变。特别是农村招商引资、生态度假项目、乡村观光旅游、农民进城务工等新型发展方式的兴起，在缩小城乡差距和促进农村经济发展的同时，也使信用作为一种资本的价值更加凸显出来，越来越多的农户呈现出兼业的特点，信用服务方式为农户的生产生活带来了极大的便利，农户的生活方式、价值观念也在潜移默化中开始转变，既影响农户的日常生活交往，也影响农户的生产经营和经济交易。因此，当前经济环境下定义的农户信用已经超越了传统意义上的道德意识范畴，逐渐延伸拓展至经济交易和社会规范层面。

现代农户信用有以下特点。

首先，长期以来农户信用是基于血缘和地缘形成的熟人间的信任，是道德操守的扩展，表现为以家庭为核心，逐渐向外延伸的中国农村社会所特有的"圈层结构"，即从家庭到村落，由村落到乡镇，再到市、省等。这种结构决定了农户熟人间存在高度的信任和秩序，在发展过程中人口的高度流动、日趋复杂的交易方式等也带来了对传统熟人社会制度的冲击，以亲缘为核心的信任关系也随着家庭的迁徙和分割而进一步受到削弱，建立在熟人社会中相对稳定的农户个人信用面临着解体的可能。

其次，农户信用是家庭成员整体素质体现，张维迎等（2001）[108]曾指出，在经济生活中，如果某人做了坏事，相对于个人惩罚，团体惩罚更容易；刘凤委等（2009）[109]也指出个体的信用水平与所在的组织的信用水平之间互相影响；而吴晶妹等（2010）[67]则通过对农户生活、生产方式的分析，得出农户的信用有非常浓厚的家庭化特征。

最后，农户信用的外部特征较为明显，无法由其自身进行全面性的掌控。外部性主要表现为收入的不确定性，由于生产的特殊性，农业收入的有效来源主要依托于自然环境的优劣状况，农户的还款能力受农业风险等不可抗力的影响巨大。

综上所述，农户信用是农户基于血缘和地缘关系形成的道德准则的扩展，是指建立在农户承诺在一定期限内以还本付息为条件的获得商品、服务或资金的能力，表现在经济社会生活中客观上的履约能力和主观上的履约意愿的有机统一。

2.1.4 信息不对称

信息不对称这一现象早在 20 世纪三四十年代就开始受到学者

的关注,指的是在市场经济活动中,交易双方所掌握的真实信息程度存在着差异,交易双方所获取的信息是不对称的,交易是在信息不透明的前提下进行的。掌握信息相对充分的一方,在交易中往往处于相对有利的地位,而掌握信息相对匮乏的一方,则处于比较不利的地位。依照时间可以分为事前的信息不对称和事后的信息不对称,前者会导致逆向选择问题,后者会产生道德风险。Stigliz(1981)[110]从这两个角度分析了信息不对称对信贷市场产生的影响。

一方面,金融机构在放贷之前并不知道借贷者的真实信息或者风险特征,金融机构无法区分借贷者的"好"、"坏",只能根据全部借贷者的平均风险对所有的借贷者收取同样的利率。这样会导致低风险的借贷者因为支付过高的利率而遭受损失,高风险的借贷者则因为没有支付"风险补偿"而从中获益,风险高的借贷者会比风险低的借贷者积极性更高,于是就产生了高风险的借贷者把低风险的借贷者挤出市场的情况,从而产生劣势借贷者挤压优势借贷者的"逆向选择"的现象,导致金融市场整体信用风险上升。

另一方面,金融机构将资金发放给借贷者之后,借贷者可能不按照契约规定使用资金,而是用于相对风险较高的项目,金融机构无法准确监测借贷者的信贷使用情况和还款努力效果,从而使得借贷者可以利用信息优势做出使金融机构利益受损失的行为,产生了"道德风险",可能会导致正规金融信贷市场的萎缩。

(1)农户信贷中的信息不对称

M. A. Peterson(1994)[111]与 J. C. Stein(2002)[112]指出,信息可以按照传递性分为两种,即软信息和硬信息。软信息指的是不能准确地进行量化的信息,可能来源于推断或感知,主观性较强,是非规范的。在农户信贷交易中,软信息指金融机构在为农户提供信贷支持时通过调查、推断获得的农户个人特征。例如,农户的声誉状况、家庭责任感、与周围邻居关系等。中国农户居住较分散,软信息只能被有限范围内亲朋好友,以及街坊邻居等熟人了解、判断。硬信息指可以直接观察并且准确量化的信息。在农户信贷交易中,硬信息指农户向金融机构提供的证明其还款能力的信息,如家庭收入、农户信贷记录、固定资产等。

鉴于中国农户的生存特点和农村金融市场长期以来的发展态势，在审贷过程中无论是硬信息还是软信息的获取都存在很大的困难，中国农户信贷中存在严重的信息不对称问题。与其他信贷市场相比，农户信贷市场中的信息不对称问题有其特殊的成因。

第一，针对农户的审贷成本相对高昂。首先，农户居住较分散，而且生产活动具有季节性，随着外出务工人数的增加，流动性增大；其次，农户主要从事依赖体力劳动的农业生产或者外出务工，生产活动具有季节性且收入具有不确定性；最后，农户信贷需求金额较小，且借贷时间比较分散，缺乏有效的担保物。信息搜集的困难性导致了金融机构放贷审核的成本显得相对高昂。

第二，针对农户进行信贷交易监督的难度较大。农户是具有生产和消费双重特性的生产组织，所以农户进行生产的资金不像一般独立的经济单位可以进行明确区分。生产资金和生活资金的可转换性使得对农户生产所发放的贷款很难完全按照项目贷款的方式进行监督和管理。

第三，金融机构间不能畅通地共享农户信贷信息。各金融机构间的发展策略不同、技术水平层次不齐，加上不同地域的差距，使得中国农户的信贷市场处于一个分割的状态，不同金融机构间不能很好地共享农户的信贷信息。这种情况所造成的信息不对称会给金融机构带来利益损失。

第四，国家的扶持政策间接导致了农户"道德风险"的产生。中国为了支持农业和农村经济的发展，简化了信贷手续，放宽了贷款条件，这间接导致了农户在与正规金融机构进行交易时，正规机构的信贷被农户当做国家给予的扶持和补偿，农户在借款后故意不还，进行"策略性赖账"，加重了农户信贷中的信息不对称问题。

金融机构向农户提供信贷支持时面临比较严重的信息不对称问题，一方面，由于信息不对称，从农户贷款的申请到使用整个过程"道德风险"和"逆向选择"问题突出，产生了违约风险[113]，导致很多金融机构都不愿意将资金投放于农户，尤其是贫困农户根本无法获得正规金融机构的信贷支持。另一方面，农户自身的特点决定了金融机构提供农户信贷服务的成本较大,又加剧了信息不对称的问题。

在农户信贷过程中,金融机构与农户之间是博弈的双方,在贷款申请、审核、放贷的过程中存在非常严重的信息不对称问题,通过农户信用信息的传递和共享,将有助于博弈双方做出决策,使得双方的博弈能够达到均衡状态,同时避免"逆向选择"和"道德风险"的产生。

从信息经济学的角度分析农户信贷交易,可以看出农户能否获得信贷支持的根本原因是金融机构是否具有充足的信息优势。由此可见,扩大农户信用信息搜集范围,构建全面的农户信用数据库,同时实现不同金融机构间的信息共享传递机制,才能很好地解决农户信贷决策中信息不对称问题,改善农户贷款难的问题。

(2) 激励理论

激励理论实质是信息不对称理论的延伸,是指通过正激励与负激励的设计来规范人的行为,从而实现个人和组织目标的过程。正激励,就是对符合组织需要的个人行为进行奖励,以达到促进和发扬这种行为的目的。负激励,就是对不符合组织需要的个人行为进行制裁、惩罚,从而抑制这种行为,达到减少这种行为的目的。正激励与负激励作为激励理论里的两种不同方式,其目的都是对行为的强化,区别在于二者的方向相反。正激励起正的强化作用,是对行为的肯定;负激励起负的强化作用,是对行为的否定。Petersen 和 Rajan(2002)[114]在《小额信贷市场的信息革命》一文中论述了信用体系的三种微观功能:惩戒、促进和平衡,这三种功能其实就是激励理论在实现小额信贷市场平衡的经济过程中的具体表现。

在农户信贷过程中,惩戒功能指的是通过构建合理科学的农户信用评价体系,对不同信用水平的农户实行差别化的贷款利率,从而使信用水平低的那些农户的借贷成本增加甚至无法获得借款,通过农户信用评价体系来约束农户的信贷行为,减少信息不对称情况下逆向选择和道德风险的发生;促进功能指的是对信用水平高的农户通过减少审贷流程、放宽借贷年限等鼓励措施,促进农户在经济社会活动中努力保持自身良好的信用水平,从而净化整个社会的信用环境；平衡功能指的是不同的金融机构之间，通过农户信用信息的传递和共享，一方面可以减少本机构面临的农户借贷风险问题，金融机构可以放心适当地降低利率，另一方面，也可以在整个农户借贷领域内形成一张立体化的信用评价网络，进一步规范农户的信贷行为，从贷款的供需双方来解决利率偏差问题，使得利率更接近于信贷市场均衡状态。

中国目前农户所处的金融环境中信用中介不发达，金融机构对农户的信用信息了解不充分，再加上农户信贷资金规模较小，投资回报率低，导致农户信贷市场中供需不平衡，构建一套科学、统一的信用评价体系显得尤为重要。建立农户信用评价机制，通过适时的"激励"和"惩戒"来调节农户信贷市场具有重要的意义。

2.2　信用评价理论

信用评价，也称资信评级、信用风险评级、信用风险评估等，是指根据一套能标识市场参与主体偿债能力的指标体系，采用严谨的分析方法，运用简明的文字符号，对市场参与主体履行经济责任的能力和可信任程度进行的综合分析和客观评价，并确定其信用水平的一种经济活动，是建立在定量基础上的定性判断。信用评价其实就是对信息的识别和加工过程，是市场经济不可或缺的一种中介服务。

信用评价起源于美国。1909年，John Moody对美国铁路债券的评级，标志着现代信用评价的开端。20世纪30年代爆发了第一次全球金融危机，大量公司破产，债券到期无法偿还。政府和投资者开始意识到信用评级的重要性，于是开始利用评级结果作为投资的依据。20世纪60年代，信用评级开始在美国以外的国家受到重视，1972年加拿大蒙特利尔债券评级公司（CBRS）成立，结束了美国以外的国家没有评级机构的历史。随着金融衍生品的不断产生，信用评价业务范围不断扩大，信用评价研究开始逐渐成为各国研究的热点。随着现代计算机技术的迅速发展和统计计量方法的不断完善，为信用评价方法的完善创造了基础条件。信用评价模型的演进过程主要可以分为古典信用评价方法(主要为专家法)和信用评分法。

2.2.1 古典信用评价方法

古典信用评价方法，一般是指主要依靠专家的知识水平、专业技能、主观判断对影响信用的关键因素进行权衡，以此来对信用风险进行评价，是一种主观评价法。古典信用评价方法的核心是"5C"评价理论。

"5C"评价理论就是通过"5C"系统，即品质(character)、能力(capacity)、资本(capital)、抵押(collateral)、环境条件(condition)，对借贷者进行信用风险分析。品质(character)是指对借贷者声誉的度量，是借贷者偿债意愿的体现，如果借贷者履行还款承诺的诚意不足，会大大增加贷款回收的风险，所以一般认为品质是信用评价的首要因素；能力(capacity)是指借贷者的偿债能力，包括借贷者的生产盈利能力、现金流对债务偿还的保障能力等，其判断依据通常是借贷者的经营手段、创新能力、收入水平等；资本(capital)是指借贷者的财务状况，表明其可能偿还债务的背景，包括固定资本额、流动资本额等；抵押(collateral)是指在授信中所采取的担保、抵押等措施，如果一旦收不到还款，可以用抵押品抵补来减少借款机构的风险，抵押对于初次交易者或信用状况有争议的借贷者尤为重要；环境条件(condition)是指可能影响借贷者还款能力的经济环境。"5C"评价理论是西方商业银行在长期的经营过程中，以信贷资金循环理论为依据总结归纳出的，对应关系见表2-1。

表2-1 信贷资金循环理论与"5C"评价理论的逻辑关系

信贷资金循环理论	"5C"评价理论
借款者还款意愿	character
借款者资本实力	capital
借款是否提供担保	collateral

续表

信贷资金循环理论	"5C"评价理论
生产经营的外部环境	condition
借款者的还款能力	capacity

资料来源：本表根据雷晓敏《中小企业家信用评价研究》[115]整理而得。

古典信用评价方法虽然有成熟的经验可以借鉴，也是构建评价指标体系的重要依据，但是古典信用评价方法更多地需要依靠专家对信用进行判断，随着经济环境的变化专家必须不断调整信用分析的重点，而且专家的培养需要很长时间，同时得到的信用评价主观性较强、成本较高。所以，信用评价方法开始过渡到信用评分法。

2.2.2 信用评分方法

信用评分的实质是以借贷人的特征指标为解释变量的计量经济模型，或者分类模型。具体做法是依据经济理论，选出影响借贷者违约可能性的特征，并通过科学的方法对其量化、赋权、通过建立数学模型得到反映信用状况的综合得分或者违约概率值，并与基准值相比较来判定信用好坏，为信贷决策提供依据。从20世纪60年代开始，欧美许多国家的学者们就已经开始进行信用评分的研究，随着市场经济的变迁以及计算机科学的发展，越来越多的传统统计方法被用于信用评价。从20世纪90年代开始，一些非参数统计方法和人工智能方法也被运用到信用评分模型中。总结起来，各种方法如表2-2表示。

从表2-2中我们可以看到，信用评分方法多种多样。因为信用评价的实质就是一个分类问题，所以凡是与分类有关的定量方法都可以在信用评分领域进行应用。但所有这些信用评分方法都是在已经选择好信用影响因素的前提下进行的，所以必须以古典信用评价方法和相关的经济理论为基础。就中国的情况而言，因农户的特殊性，许多信用评价方法在农户信贷领域鲜有应用，需要在研究中，针对农户的特点选择一个判别效果最好的方法。

表 2-2　　　　　　　　信用评分方法总结

信用评分方法			代表文献
统计方法	参数统计方法	判别分析法	[54] [55-60]
		Logistic 回归模型	[37, 62-66]
		Probit 回归模型	[68]
	非参数统计方法	最近邻法	[69-71]
		决策树法	[64, 66-67]
		贝叶斯网络	[72-73]
神经网络方法		BP 神经网络	[78-82, 84, 116-118]
		径向基网络	
		概率神经网络	
		多层感知器	
支持向量机			[85, 87, 90, 92, 119-123]
其他方法		专家系统法	[96-108] [124-125]
		线性规划法	[99] [126]
		数据包络分析	[101-104, 127]
组合评价模型			[77, 84, 93-95, 118-130]

2.2.3　农户信用评价的经济学分析

进行农户信用评价研究的整个过程如下：首先，筛选出影响农户信用状况的因素构建农户信用评价指标体系，然后，将指标输入个人信用评价模型进行处理，最后，通过得到的能够代表农户还款能力和还款意愿的信用得分判别农户信用水平。农户信用评价体系在一定程度上可以缓解农户信贷市场上存在的信息不对称问题，有助于指导金融机构准确地识别和规避信贷业务中存在的信用风险，也有助于调节农户信贷市场上的供需不平衡问题。

农户信用评价在信贷市场的作用过程如图 2-1 所示。在实际信贷市场运行过程中，金融机构对农户的信用状况不了解，考虑到农户贷款的违约率和贷款回收速度,金融机构的供给曲线为 S_1,农户需求曲线为 D_1,在中央银行的控制利率 r_1 上农户贷款的供给量 Q_1 要小于农户贷款的需求 Q_2,农户的借贷需求和金融机构的借贷供给之间存在缺口 Q_2-Q_1。利用农户信用评价信息,可以缓解信贷市场上的信息不对称的过程,在信用评分结束后将一部分评分达不到要求的贷款申请拒绝,这个时候的贷款需求曲线会左移至 D_2,由于金融机构对农户的还贷水平有了一定的了解,贷款供给会增大,供给曲线会右移至 S_2,此时的均衡利率和均衡资金量变为 r_2、Q_3,金融由供求曲线决定的均衡利率为 r_2,银行的农户贷款额为 Q_2,此时,$r_2<r_1$,$Q_3-Q_1<Q_2-Q_1$,这说明在信用评价的激励与惩戒作用下,农户贷款利率降低,贷款供需缺口减小。因此,建立完善的农户信用信息共享传递机制、降低农户借贷的交易成本,可以缓解农户信贷市场的信息不对称问题,从而减少农户信贷的供需缺口。

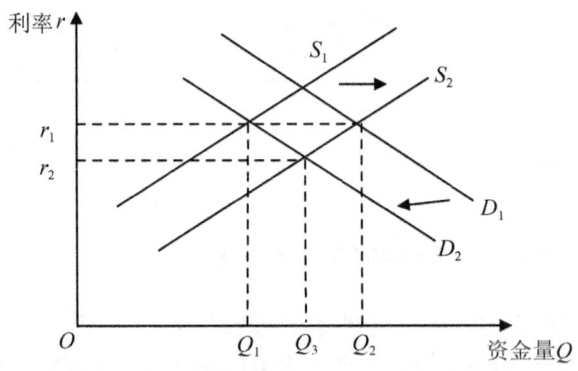

图 2-1 农户信用评价在信贷市场的作用过程

(1)农户信用评价与逆向选择

目前,中国农户申请贷款的主要目的还是以生活消费为主,黄祖辉(2007)[12]通过分析认为已有研究在概念理解、研究思路以及问卷设计上出现了偏差,高估了农户对正规信贷的生产性需求。通过实证分析说明中国富裕与非富裕农户对正规和非正规金融借贷的需求均以生活消费为主。童馨乐（2012）[15]基于2011年对中国六个省份的调查数据再次证明了当前中国农户对正规和非正规信贷的需求均以消费为主，用于生活性支出依然是农户借贷的主要目的。因此，研究农户信贷市场不能使用公司信贷的成本收益法，而需要根据农户贷款获得的效用进行评价[128]。

在借贷过程中，金融机构和农户都会因为借贷而获得一定的效用。农户通过使用贷款满足自身生产生活需要而获得效用，金融机构则因为农户能够在约定期限内还本付息获得效用。假定金融机构的借贷成本为 C，贷款额为 Q，农户抵押品价值为 c，农户使用贷款获得的效用为 U。发放贷款后，金融机构和农户的效用分别为 u_1 和 u_2：

$$u_1(r) = \min[u((1+r)Q), u(c)] \quad (2.1)$$
$$u_2(r) = \max[U + u(-(1+r)Q), U + u(-c)] \quad (2.2)$$

农户在贷款期末可能面临两种选择：按照合同规定还本付息，或者违约失去抵押品。金融机构则可能收到还款及利息，或者抵押品。根据非对称信息博弈理论，在信息不对称的情况下，博弈参与者不是使自己的效用最大，而是使自己的期望效用最大。假定金融机构和农户的效用函数相同，都是 $F(u, \theta)$，其中 θ 为获得效用的风险参数，则金融机构和农户的期望效用分别为 $E(u_1)$ 和 $E(u_2)$：

$$E(u_1) = \int_0^\infty \min[u((1+r)Q), u(c)] F(u, \theta) \mathrm{d}u \quad (2.3)$$

$$E(u_2) = \int_0^\infty \max[U + u(-(1+r)Q), U + u(-c)] F(u, \theta) \mathrm{d}u$$

$$(2.4)$$

假定 $F(u, \theta_1)$ 随机占优于 $F(u, \theta_2)$，即当获得效用的风险参数 $\theta_1 > \theta_2$ 时，有 $\int_0^\infty [F(u, \theta_1) - F(u, \theta_2)] \mathrm{d}u \geq 0$，因此，在给定利率 r 时，一定会存在一个 θ_0，使得 $E(u_2) = 0$，θ_0 随着银行利率的提高而增大，这样，在信用评价之前，效用风险参数 $\theta < \theta_0$ 的农户由于期望效用小会主动放弃贷款，剩下的都是风险参数较大的农

户,正是这种局面给银行带来了更大的违约风险。在实施了信用评价之后,具有较低风险参数的农户得分较高,银行可以通过拒绝信用评分不满足要求的农户借贷来减少违约风险的增加,并避免逆向选择问题。

(2)农户信用评价与道德风险

在农户信贷市场上,由于信息不对称存在两类道德风险:一类是农户在获得贷款后将其用于非金融机构归定用途,另一类指农户期末将违约成本和还本付息比较,当违约成本较低时,会选择不按时归还借款。农户信用评分能够规避信息不对称导致的道德风险的发生。假设农户在获得贷款后以概率 P_a 用于金融机构指定用途,并获得效用 U_a,以概率 P_b 将贷款用于其他用途并获得效用 U_b。按照常理,一般有 $P_a > P_b U_a < U_b$ 且 $P_a U_a > P_b U_b$(农户按照约定使用贷款获得的效用的期望值应该大于其他用途获得的效用的期望值)。

两种活动所获得的净效用期望分别为式(2.5)和式(2.6):

$$E(u_{2a}) = P_a(U_a - u((1+r)Q)) + (1-P_a)(u(-c)) \tag{2.5}$$

$$E(u_{2b}) = P_b(U_b - u((1+r)Q)) + (1-P_b)(u(-c)) \tag{2.6}$$

若要 $E(u_{2a}) \geq E(u_{2b})$,由式(2.5),式(2.6)得:

$$\frac{P_a U_a - P_b U_b}{P_a - P_b} \geq u(u((1+r)Q) + u(-c)) \tag{2.7}$$

假设式(2.7)取等号时,$r = r_0$,则当利率 $r < r_0$ 时,有 $E(u_{2a}) > E(u_{2b})$,农户会按约定使用贷款,此时,根据式(2.3)可得,金融机构期望效用为 $E(u_{1a})$;反之,利率 $r > r_0$ 时,有 $E(u_{2a}) < E(u_{2b})$,农户不会按约定使用贷款,金融机构期望效用为 $E(u_{1b})$,此时道德风险产生。可以得到 $E(u_{1a}) > E(u_{1b})$,所以金融机构会选择在利率 $r < r_0$ 时发放贷款。

$$E(u_{1a}) = P_a u((1+r)Q) + (1-P_a)(u(-c)) \tag{2.8}$$

$$E(u_{1b}) = P_b u((1+r)Q) + (1-P_b)(u(-c)) \tag{2.9}$$

在进行农户信用评价后,金融机构的贷款客户质量将会提高,

使得 P_a 增大，P_b 降低，式（2.7）左边的值会增大，因此 r_0 随之增大，实际利率 r 和 r_0 的差距拉大，当差距足够大时，农户发生第一类道德风险的可能性会被完全消除。同时，在农户信用评价后，借贷农户的质量普遍提高，加上信用评价的激励作用，即使抵押品价值低于贷款本息，农户也不会选择违约。因此，对农户进行信用评分能够有效地规避道德风险的产生。

2.3 农户信用评价框架

为有效降低农户信用风险，最大限度地保护金融机构的利益，要解决农户信贷市场的信用缺失问题，最根本也是最重要的措施之一是构建一个全面科学的农户信用评价机制。

农户信用评价是一个复杂的过程，通常包含很多个相互关联、相互影响的阶段，根据评分目标和方法的不同，评分的过程会有一定的差异性，但一般农户的信用评分过程大体可以分为以下几个阶段：问题定义、指标体系构建、评价模型构建、模型的检验与评价、模型应用。第一个阶段需要根据研究的问题，结合相关理论和已有的研究，来确定评价的重点；第二个阶段则需要根据评价目标、重点，来构建指标体系，包括指标体系的初步选择，数据的预处理，以及依据相关分析及所选择的模型构建原理进行指标体系的优化调整等内容；第三个阶段是根据数据建立信用评价模型，是整个过程的技术核心；最后一个阶段需要对模型的应用效果进行检验、评价，并根据结果进一步进行指标体系的调整。这几个阶段看似独立，其实互相依托，没有明确的界限区分，是一个不断循环的过程，如图 2-2 所示。

在第一步明确了研究目的之后，需要进行数据的搜集、初步整理。同时，在根据目标设定指标体系后，需要进行进一步的数据处理，对于直接得到数据的指标需要进行标准化，对于比例指标还需要通过进一步计算得到可比较的数值。之后在建立评价模型后，还要根据模型的识别效果进一步调整指标体系，重复上述过程。所以，虽然看似农户的信用评价可以用几个过程来划分，实则几个过

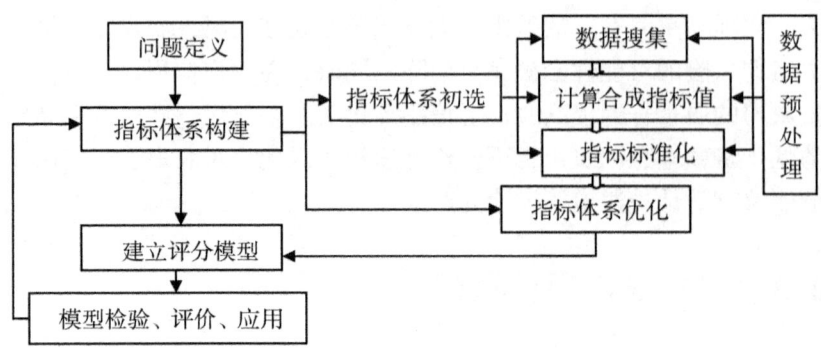

图 2-2　农户信用评价流程图

程是互相关联、互相依托的,是一个不断循环的过程,直到最后得到一个好的分类效果。

2.4　本章小结

本章简要介绍了农户信用评价中涉及的基本概念,论述了农户信贷市场存在的信息不对称现象的成因,对信用评价理论进行了阐述,并从经济学角度解释农户信用评价的意义,最后,勾勒了进行农户信用评价的整体思路和步骤,为后面各章节的展开理清了思路,打下了基础。

第3章　农户信用评价指标体系初建

构建合理的农户信用评价指标体系是进行农户信用评价的基础，也是最重要的环节。如果农户信用评价指标选择不合理，则无论采用什么评价模型，得到的评价结果都是低效、不可信的，也不会有任何实际的指导意义。农户信用评价指标体系的构建首先要筛选出既能反映农户偿债能力或者经济状况，又能反映农户还款意愿的指标，而且还要符合金融界普遍认可的评价准则。

现有的针对农户信用评价指标体系的研究有一些难点和不足：一是虽然大数据时代已经到来，但大多数银行不开展农户小额贷款业务，农户信用数据的搜集整理仍然是研究的难点所在，也直接导致中国农户信用评价指标体系的不完善；二是现有的农户信用评价体系沿用了国际上针对个人信用评价的标准来设计量表，而不同的机构、学者对农户信用考察的角度不同，使得我国现有的农户信用评价体系千差万别，每一个单独的指标设计都存在短板，没有一个涵盖性较好的指标体系出现；三是目前构建农户信用评价体系的思路大多是依照国际准则或者经济原理来进行初选，忽略了指标进一步优选的步骤，导致有些指标反映重复信息的问题。

为了完善现有研究的缺陷，本章首先对现有研究中的农户信用评价指标进行了汇总分析，使得本书初选的指标体系尽可能地覆盖到现有指标的全集，同时根据新形势下农户的信用特点又加入了一些其他指标，最终初选出70个评价指标。之后，本章以2011年中国家庭金融调查（CHFS）数据为基础，通过相关分析技术对信息冗余的指标进行了删减，初步构建了包含47个指标的农户信用评价指标体系。

虽然本书采用2011年中国家庭金融调查（CHFS）中筛选出来的借贷农户数据进行研究，但鉴于目前国内外的相关研究很少对农户的借贷进行详尽的调查数据分析，金融机构的农户借贷数据又存在一定的指标短板以及不同地区数据的口径不同等问题，而且本书旨在为构建更有效的农户信用评价机制提供微观证据，因此笔者认为该数据仍然具有一定的分析价值。

3.1 农户信用评价指标体系设计的原则和思路

一套健全的农户信用评价指标体系是对农户进行信用评价的基础也是依据。在农户信用评价指标体系的设计过程中，指标的选择对评价对象、评价结果起着至关重要的作用。现有的研究中没有一个针对农户统一的信用评价体系，不同的研究者评价的角度和侧重点都不同，因此，采用不同的农户信用评价指标体系，评价的结果也是不尽相同的。要使评价结果科学、全面、公平，就需要建立一套完善的评价指标体系。因此，结合现有的研究和我国农户信用管理现状，在设置农户信用评价指标时，应该遵循以下几个原则。

(1)全面性。构建的农户信用评价指标体系要具有足够的涵盖面，尽量全面地将影响农户信用状况的所有因素囊括在内，要对农户的各方面情况给予描述，不能扬长避短。否则，会使得评价结果缺乏公平性。在指标的选择上定量和定性指标相结合才能全面地反应影响农户信用状况的因素。因此，本研究借鉴已有的研究成果，将现有研究中涉及影响农户信用行为的指标进行了汇总，并且根据农户的特点增加了一些新的影响因素，例如，家庭外出务工人数、居住地距离市中心距离、农业生产补贴数额、每年农业生产时间、获取信息的能力等，力求做到全面地反映农户的信用状况。

(2)目的性。选取评价指标时，首先要明确评价目的，指标的选择应该为评价的宗旨服务。本书建立的农户信用评价指标体系是为农户信用评价服务的，主要关注农户履行信贷合同的客观能力以及主观意愿。因此，在进行指标选取时，应当围绕农户的践约能力和践约意愿展开，需要根据研究目的对指标进行有针对性地筛选。指标所反映的内容与评价目的之间要有内在的逻辑关系，例如，土地数量是否变更、本年收入与上年收入比较等指标从稳定性层面反映了农户的还款意愿与能力。

(3)层次性。影响农户信用的因素非常多，围绕总体评价目标将评价指标划分为不同的层次与模块，可以为从不同的角度对农户进行信用评价分析创造条件。建立农户信用评价指标体系要有层次结构，这样才能做到全面评价。依据层次性原则构建科学的评价指标体系，要求同一层次的指标要相互联系但不能具有明显的互相包含关系，也可以有效地避免指标反映重复信息的问题。例如从家庭特征、还款能力、还款意愿、保障情况、宏观环境、稳定性等层面进行分类，做到指标设置泾渭分明。

(4)可比性。指标体系的建立是为了达到评价的目的，可比性原则是科学合理地进行农户信用评价工作关键。首先，要求指标体系中的每一个指标都必须能够搜集到准确的数据，包括直接可测或者间接可测、心理可测。选取定性指标时要选择可以量化比较优劣的指标，这样才能够在评价对象间进行比较，得到直观的评价结果。其次，要求不同参评对象的评价指标数据应该具有差异性，如果同一个指标所有参评对象的数据都相同，则没有评价的实际意义，无差异的评价指标不具有可比性。最后，可比性还要求对各指标的原始数据进行标准化处理，这样结果才具有可比性。

(5)普遍性。农户信用评价指标体系的设计主要是为了能够对农户间的信用水平进行合理的评价、比较，因此在指标选择上，所选取的指标应当是农户普遍拥有的，要从不同农户中提炼出能反映其共性特征的代表性指标，不能选取只有部分群体才具有的一些特征，这样会导致信用评价的结果缺乏公平性。

(6)导向性。导向性是指通过构建评价指标体系，要进一步指导农户的行为，在农村地区形成按期履约和诚实守信的风气。农户信用评价指标体系的构建不仅要对农户的信用水平进行评价，更要通过指标体系发现农户在信用行为上所存在的问题，要为中国构建社会信用体系和完善征信系统服务。所以，指标选择要符合当前中国构建社会信用体系的形势与要求，能够记录并反映农户的信用水平，引导农户找准自己的信用水平定位，明确各自存在的问题和改进方向。

农户信用评价指标体系的构建，是对农户信用行为特征的认识和分析、逐步深入、逐步系统化的过程。因此，构建农户信用评价指标体系的过程大体可分为以下环节。

（1）理论准备。首先，通过对信用评价理论的深入学习，掌握信用评价的内涵和主流评价方法；其次，通过对农户信贷行为的理论学习，清楚地认识农户的借贷特点和影响农户信用水平的因素，找出农户的信贷和一般群体有哪些差异；最后，通过对现有研究的总结，归纳出现有文献中出现的评价指标，尽可能地集合现有指标的"全集"初步构建农户信用评价指标体系。

（2）指标初步筛选和结构优化。依据指标的相关性大小对初选的指标进行指标间的相关分析，删除表达重复信息或者说关联度很高的指标，得到比较简洁明了而且能够较全面反映影响农户信用水平的指标体系。

（3）结合评价模型进一步优化指标体系。农户信用评价的实质就是一个分类过程，可以运用传统统计学方法或者数据挖掘技术来完成分类过程，但构建不同的分类模型所依据的原理不同，因此，需要结合构建方法再次对指标体系进行优化。然后需要结合实际数据，分析评价结果的合理性，寻找评价结果偏差的原因，进行指标体系的修正。

农户信用评价指标体系的构建过程如图3-1所示。

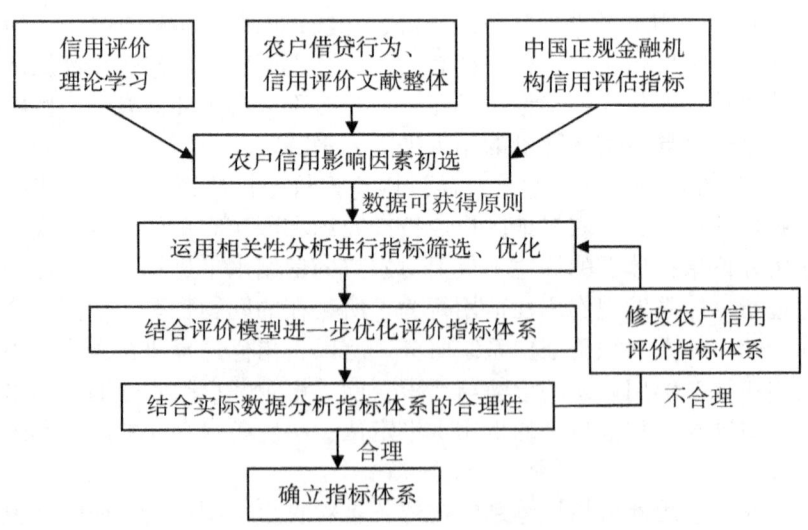

图3-1　农户信用评价指标体系的构建流程

3.2 新形势下中国农户信用的新特点

农户的信用特点影响着农户的经济行为以及金融机构的贷款管理机制，是评价农户信用水平必须考虑的因素。在中国当前统筹城乡发展、建设新农村、支农惠农的大环境下，随着国家工作重心的转移和发展战略的改变，务实的中国农户开始向市场社会转化，农户逐步分化为多元的阶层结构，分化过程包括职业的转变、身份的转变、地域的迁移等，农户信用的特点较以往也发生了一些改变。新形势下中国农户的信用特点可以概括为以下几方面。

(1) 农户信用不再局限于熟人社会中的信任关系

中国的农村社会是典型的熟人社会，存在着土地依恋，长期以来农户信用是基于血缘和地缘形成的熟人间的信任，是道德操守的扩展。随着经济社会的发展，农户的生产方式发生了转变，进城务工人数日渐增长，越来越多的农户呈现出兼业的特点，农户的生活方式、价值观念也在潜移默化中发生了转变。在发展过程中农村人口流动性较大，以亲缘为核心的信任关系也随着家庭的迁徙和分割而受到削弱。随着农户经济活动参与度的增大，农户信用不再局限于熟人社会中的信任关系，开始从传统意义上的信任关系拓展到经济交易层面的信用。

(2) 农户信用是家庭成员整体素质的体现

农村中许多经济社会活动实际上是以家庭为单位进行的，所以农户信用是家庭成员整体素质的体现，有非常浓厚的家庭化特征。通过第三章和第四章的实证分析，证实除受教育程度、获取知识的意愿等指标外，家庭的幸福感对于农户信用水平的影响也是显著的。幸福感可以反映一个家庭的和谐程度，健康的婚姻、幸福的生活环境更有利于诚实守信行为的践行。

(3) 农户信用较易受外部环境影响

首先，由于生产的特殊性，农业收入的有效来源主要依托于自然环境的优劣状况，农户的还款能力受农业风险等不可抗力的影响巨大，这是农户信用易受外部环境影响的一个方面，从第四章构建的指标体系中可以看出农户收入的稳定性、自身的保障情况等反映农户抵抗风险能力的指标显著影响着农户的信用评价结果;其次,在国家支农惠农政策的大力扶持下,一个地区的政策扶持力度和经济治安发展状况对农户的偿债能力有显著影响,也间接作用于农户的信用水平,这是农户信用外部特征明显的第二个方面。

(4)农户信用特征区域差异性显著

中国地域辽阔,农村人口分布零散,各地自然状况、经济发展速度和社会风俗民情迥异,这些都使得不同地区的农户在观念、行为上存在差异。这使得当前在中国构建一个完全统一的农户信用评价指标体系并不可行。另外,这种区域差异性也不便于对农户的信贷审核和监管,更不利于国家政策的实施、区域差距的缩小、和谐社会的构建。因此,通过扩大对外开放力度、平衡区域间扶持政策的差异、加强农村基础设施建设等来逐渐缩小农户信用水平地区间的差异也是我国当前需要解决的一个问题。

(5)农户信用信息相对匮乏

目前中国的农村信用环境相对较差、农户信息采集困难、金融机构间信息流通不畅等,使得农户信用信息相对匮乏,金融机构审贷工作量很大。如果能构建一个农户信用信息共享平台,各机构间信息实现传递、共享、互补,一个农户只需进行一次信用信息采集便可在多个机构进行贷款申请,无疑可以大大降低农户信用信息的采集成本,也可以为农户提供更便捷的服务。

3.3 农户信用评价指标的初选

本书农户信用评价指标初选的目的是要寻找一个指标集合,尽可能覆盖到现有研究中出现的指标的全集,所以在指标选择的第一步不去考虑指标数据的可获得性等因素;在初选过程中以金融界通用的5C评级法为基础,结合本书前两章中对现有的农户信用评价及农户小额信贷研究的相关文献的汇总提炼,对现有研究中涉及影响农户信用水平的因素进行了汇总;在此基础上依据前文3.2节对新形势下中国农户的信用特点的分析、结合吴晶妹(2009)[106]提出

3.3 农户信用评价指标的初选

的 WU's 三维信用理论、借鉴价值链风险理论对现有的农户信用评价指标进行了补充。

本书建立的农户信用评价指标体系是为农户信用评价服务的，根本上是为了保证农村金融的稳定发展，所以，主要关注农户履行信贷合同的客观能力以及主观意愿。在进行指标选取时，本书围绕农户的践约能力和践约意愿展开，以金融界通用的 5C 评级法为基础，结合新形势下中国农户的信用特点设置了 6 个准则。初步筛选出包括能反映家庭特征、还款意愿、还款能力、宏观环境、保障情况，以及稳定性在内的 70 个指标。初步筛选的指标如表 3-1 所示。

表 3-1　　　　　　农户信用评价初选指标集

序号	准则层(1)	指标层(2)	筛选结果(3)
1	家庭特征	户主年龄	保留
2		户主性别	保留
3		户主受教育程度	保留
4		在本地是否大姓	保留
5		户主排行第几	保留
6		专业技术水平	根据数据可获得性删除
7		健康状况	保留
8		婚姻状况	保留
9		务工所在城市	根据数据可获得性删除
10		家庭成员数	保留
11		劳动力数量	保留
12		劳动力占比	根据相关性分析删除
13		老年人数占比	保留
14		少年人数占比	保留
15		家庭外出务工的人数	保留
16		幸福感	保留

续表

序号	准则层(1)	指标层(2)	筛选结果(3)
17	还款意愿	银行欠款数额	保留
18		借款总额	保留
19		所有欠款总额	根据相关性分析删除
20		除银行外有无其他渠道借贷	保留
21		家庭责任感	根据数据可获得性删除
22		邻里关系	根据数据可获得性删除
23		道德威望	根据数据可获得性删除
24		是否诚实守信	根据数据可获得性删除
25		种养方面受表彰	根据数据可获得性删除
26		开车是否系安全带	保留
27		是否按指示灯走	保留
28		使用信用的年限	保留
29		有无违约记录	保留
30		贷款延期或问题贷款原因	根据数据可获得性删除
31	还款能力	固定资产	保留
32		家庭耕地面积	保留
33		流动资产	保留
34		食品支出	保留
35		保费支出	保留
36		农业支出	保留
37		转移性支出	保留
38		支出收入比	保留
39		总支出	保留
40		借出款总额	保留

续表

序号	准则层(1)	指标层(2)	筛选结果(3)
41	还款能力	农业生产性收入	根据相关性分析删除
42		工商业收入	保留
43		工资收入	保留
44		家庭年总收入	保留
45		恩格尔系数	保留
46		农业收入/全部收入	保留
47		教育培训支出	保留
48		获取知识的意愿	保留
49		获取信息的能力	保留
50		专业技能培训次数	根据数据可获得性删除
51		参加社会团体会议次数	根据数据可获得性删除
52		上网的频率及时间	根据数据可获得性删除
53		新产品的投入程度	根据数据可获得性删除
54	稳定性	土地数量是否变更	保留
55		在本地居住时间	根据数据可获得性删除
56		从事现有项目的年限	保留
57		每年农业生产时间	根据相关性分析删除
58		本年收入与上年收入比较	保留
59		收入增长与物价增长比较	保留
60	宏观环境	居住地社会治安	保留
61		距离市/县中心距离	保留
62		居民消费价格指数	根据相关性分析删除
63		地区GDP增长率	保留
64		农业生产经营补贴	根据相关性分析删除
65		政府补贴	保留

续表

序号	准则层(1)	指标层(2)	筛选结果(3)
66	保障情况	是否有保证	根据数据可获得性删除
67		家庭保障情况	保留
68		保证人员实力	根据数据可获得性删除
69		联保小组成员关系	根据数据可获得性删除
70		联保小组成员实力	根据数据可获得性删除

初选的评价指标首先要遵循全面性原则，因此在选择上需要将所有影响指标考虑到，就不可避免会涉及一些重复的或难量化的指标，需要后续通过指标的分层以及依据相关性分析进行指标筛选。

3.3.1 中国家庭金融调查数据介绍

本书选用由西南财经大学和中国人民银行总行金融研究所联合成立的中国家庭金融调查与研究中心发布的"中国家庭金融调查（China Household Finance Survey，CHFS）"① 2011 年的调查数据，进行农户信用的实证研究。中国家庭金融调查（CHFS）是一项旨在搜集家庭金融微观数据的全国性调查项目，旨在搜集主要包括资产与负债、保险与保障、支出与收入以及基本的人口特征等方面的信息，填补了中国家庭金融微观数据的空白。

2011 年 7—8 月，中国家庭金融调查与研究中心采用分层、三阶段与规模度量成比例（PPS）的抽样设计，对随机抽取的除福建、内蒙古、新疆、西藏、海南和港澳台地区外的遍布于中国 25 个省、80 个县、320 个社区的 8438 户家庭进行访问，成功搜集了这些家庭在微观金融方面的数据[131]。其中，包括城镇家庭 5194 户、农村家庭 3244 户。

---

① 有关 CHFS 更多详细介绍请参见其官方网站：http://chfs.swufe.edu.cn/。

本书根据研究需要，从中国家庭金融调查(CHFS)数据中取了能够判断是否违约的 527 户农户数据进行研究，其中包括 179 户违约农户和 348 户非违约农户。鉴于目前国内外的相关研究很少对农户的借贷进行详尽的调查数据分析，金融机构的农户借贷数据又存在一定的指标短板以及不同地区数据的口径不同等问题，而且本书旨在为构建更有效的农户信用评价机制提供微观证据，因此笔者认为该数据仍然具有一定的分析价值。

根据中国家庭金融调查(CHFS)问卷中搜集到的数据，有一部分指标如家庭责任感、邻里关系、新产品的投入程度等 17 个指标的数据无法获得，根据可比性原则将这些无法获得数据的指标设定权重为 0(在操作时进行了删除)，保证所得的指标满足可比性原则，能够进行后续的评价工作。

所有初选指标见表 3-1 第 2 列，删除的指标在表 3-1 第 3 列，用"根据数据可获得性删除"标出。删除的指标中不可避免会损失掉一些有用信息，例如，农户与周围邻居的关系、是否诚实守信、联保小组成员实力等指标都会影响农户的信用水平，但鉴于获得的数据有限，为了后续研究不得已设置权重为 0，但并不代表这些指标不重要。

3.3.2 农户信用评价指标说明

(1)家庭特征

农户信用是家庭成员整体素质的体现，家庭特征是反映农户综合素质的重要内容。本书选取户主年龄、户主受教育程度、健康状况、婚姻状况、家庭成员数等 17 个指标来反映农户的家庭特征。

户主年龄的差异，反映了其阅历的丰富程度、心理成熟度等很多信息；户主性别不同，则家庭事务处理的风格也不同；户主受教育程度，反映了户主的知识结构，可以从一个侧面反映整个家庭的文化水平；户主排行第几、在本地是否属大姓，则反映了户主的家庭地位和整个家庭在该地区的影响力，农户受传统风俗习惯影响较大，一般情况户主如果排行老大则家庭责任感更强，更能从大局出发考虑问题。基于农村还是典型的熟人社会，当地大姓的家庭在社会活动中受到的约束相比小姓家庭会更多，违约的可能性会小一些；户主的健康状况、劳动力数量等可以反映农户的生产能力。

本书在选择指标时，还加入了幸福感、家庭外出打工人数等目前对农户信用评价中没有出现或很少出现的指标，并且将个人信用评价中常用的抚养比拆成了老年人数占比和少年人数占比。幸福感和婚姻状况，可以反映一个家庭的和谐程度，健康的婚姻、幸福的生活环境更有利于诚实守信行为的践行；家庭外出务工的人数，反映了一个家庭的人口流动水平，流动水平太高，则受到当地熟人社会的约束越少，借贷用途也更不易进行监管；老年和少年，虽然同属于被抚养对象，但鉴于远期所能创造的价值差异，所以本书将老年和少年人数占比分开考虑。

(2)还款意愿

还款意愿从主观上反映农户能否履行贷款合约，当前中国农户小额贷款开展的困境，有一部分在于农户利用国家的相关扶持政策，由于违约受到的惩罚较小，在存在信息不对称的信贷市场下农户更愿意违约而不是还款，主观上农户的践约意识不强。

本书借鉴吴晶妹(2009)[106]提出的三维信用理论，选择了14个指标来评价农户的还款意愿，分别是：反映道德意识层面的是否诚实守信、开车是否系安全带、是否按指示灯走，反映社会交往层面的邻里关系，反映经济交易层面的贷款人未归还银行借款的数额、借款总额、使用信用的年限、有无违约记录、除银行外有无其他渠道借贷等。

由于中国农村正规借贷和民间借贷共存的现状，两种借贷的特点决定了它们对农户信用的影响程度不同，考虑到长期以来农户信用是基于血缘和地缘形成的熟人间的信任，民间借贷将是农户最先考虑偿还的借款，所以是否有除银行外其他渠道借贷是反映农户还款意愿的关键指标。

按期履行信贷合约其实是一种经济规则，是否愿意遵守其他规则在一定程度上可以反映农户是否也愿意遵守经济规则，例如，开车是否系安全带、是否按指示灯走，所以本书在指标选择时加入了这两个表面上与违约不相关但隐含着一定逻辑关系的指标。

(3)还款能力

还款能力是农户能否履约的关键。本书借鉴了价值链风险分析[36],对还款能力的测评除了经济水平,还添加了农户的知识与学习能力。农户的知识与学习能力影响着农产品的创新等,是价值链风险产生的一个来源。

评价农户的经济水平,主要选取的指标有固定资产、流动资产、恩格尔系数以及各种收入和支出等,鉴于农户这一群体的特点,本书将土地面积纳入了评价指标中。

农户的知识与学习能力则通过专业技能培训次数、参加社会团体会议次数、教育培训支出、上网的频率及时间、新产品的投入程度、获取知识的意愿、获取信息的能力来进行评价。

(4)稳定性

由于生产的特殊性,农业收入的有效来源主要依托于自然环境的优劣状况,农户的还款能力受农业风险等不可抗力的影响巨大,农户信用的外部特征较为明显;在发展过程中农村人口流动性较大,以亲缘为核心的信任关系也随着家庭的迁徙和分割而受到削弱。

因此,基于农户的信用特点,在评价农户信用时必须考虑农户的稳定性。在现有的文献中,大多把稳定性和宏观环境划分为一个层次,为了突出农户稳定性的重要程度,本书把稳定性单独作为一个准则来考虑。农户稳定性主要从收入的稳定性和自身的稳定性进行衡量,所选取的指标主要有土地数量是否变更、从事现有项目的年限、每年农业生产时间、本年收入与上年收入比较、收入增长与物价增长比较、在本地居住时间。

(5)宏观环境

本书所定义的宏观环境包括影响农户支付能力的经济环境以及农户的生活环境。一般情况下,居住地经济越发达、治安环境越好,农户的信用意识和信用能力越好。所以,本书选择了居住地社会治安、距离市/县中心距离、地区GDP增长率、居民消费价格指数、农业生产经营补贴、政府补贴这几个指标。

农业生产经营补贴、政府补贴反映了政府对农户生产经营活动的扶持，一个良好的经济运行环境可以极大地促进农户支付能力的提高。

(6) 保障情况

保障情况包括农户无力还款时可以用作抵押的资产，也包括家庭的医疗、养老等保障水平，是农户能否按期偿还贷款的一个保障。本书选取的指标有家庭保障情况、保证人员实力、联保小组成员关系、联保小组成员实力等。

其中，有一些指标是通过问卷中的问题进行计算得到的，在此对本书涉及的一些合成指标进行解释：

劳动力数量(lsize)是以家庭为单位，通过对个人问卷中16岁以上的家庭成员"是否有工作"(a3000)进行筛选，然后计算得到每户的劳动力数量；老年人数占比(OR)和少年人数占比(CR)，分别为65岁以上人口和14岁以下人口占家庭总人口的比重，一般文献中会选择家庭抚养比来作为影响一个家庭违约与否的因素，但是从家庭未来的发展情况来看，少年人数和老年人数应该分开来分析，少年人数代表的是新生的生产力，相对老年人，在未来更可能创造经济价值；恩格尔系数(engel)是用来衡量一个家庭的富裕程度，是食品支出总额占家庭总消费支出总额的比重。

家庭保障情况(security)是通过计算农户家庭拥有医疗保险的人数(f2001)占家庭总人口的比重，农户家庭拥有养老保险的人数(f1001)占家庭总人口的比重，农户家庭拥有商业保险的人数(f6001)占家庭总人口的比重，将这三个指标进行标准化打分之后合成的评价指标，以上三个指标都是正向的，所以合成的家庭保障情况指标也是正向指标。

3.4　农户信用评价指标的标准化

在构建评价指标体系时，各个评价指标的含义不同使得不同指标在数量级、量纲以及方向上都不尽相同。如果不对指标进行标准化处理，直接使用原始指标的数值进行分析，会突出数值较大的指标的评价效果而削弱数值较小的指标的作用。因此，为了保证结果的可靠性,首先要做的工作就是对原始指标数据进行标准化处理。标准化处理的目的主要是消除不同评价指标因量纲不同而导致的不可比性。

现有的文献中具有代表性的指标无量纲化方法有三种,分别是z-score标准化法、极差正规化法、均值化法。叶宗裕(2003)[132]、张卫华(2005)[133]通过对这几种无量纲化方法进行比较,指出极差正规化法计算公式中分母为指标的最大值与最小值之差,当极差很大时,无量纲化会降低该指标的权重,即指标的两个值就对指标的权重产生了很大影响;而z-score标准化法会导致指标的变异程度相同,变化后的数据不能准确地反映原始数据所包含的信息;相比之下,均值化法令均值化后的各指标均值都为1,也保留了各指标的变异程度信息,就是一种较好的方法。因此,本书选择保留各指标变异程度信息的均值化方法进行指标的标准化处理。

(1) 定量指标的标准化

定量指标的标准化处理又分为正向指标的标准化和逆向指标的标准化。

正向指标也称为望大型指标或者效益型指标,这些指标值越大表明评价越好。对于本书而言,正向指标值越大农户的信用状况就越好,如家庭年总收入、还款额/借款额、劳动力占比等指标。

不妨设指标 $x_j(j=1,2,\cdots,m)$ 的观测值为 $\{x_{ij} \mid i=1, 2,\cdots,n; j=1,2,\cdots,m\}$,$x_{ij}$ 表示第 i 个农户的第 j 个指标的原始数据,y_{ij} 表示第 i 个农户的第 j 个指标的标准化后的数据,m 为初步筛选的指标个数,n 为农户样本总数。根据均值化方法,指标的标准化公式:

$$y_{ij} = \frac{x_{ij}}{\overline{x_j}} \tag{3.1}$$

式(3.1)的分母为第 j 个指标的均值,由式(3.1)可以看出标准化后各指标的均值都为1,其方差为:

$$\mathrm{var}(y_j) = E[(y_j - 1)^2] = \frac{E(x_j - \overline{x_j})^2}{\overline{x_j}^2} = \frac{\mathrm{var}(x_j)}{\overline{x_j}^2} = \left(\frac{\sigma_j}{\overline{x_j}}\right)^2 \tag{3.2}$$

式(3.2)表示均值化后各指标的方差是各指标变异系数的平方,它保留了各指标的变异程度的信息[132]。

逆向指标也称为望小型指标或者成本型指标,这些指标值越小表示评价越好。在本书中,逆向指标值越小农户的信用状况就越好,例如恩格尔系数、抚养人数、借款总额、支出收入比等指标。

不妨设指标 $x_j(j = 1, 2, \cdots, m)$ 的观测值为 $\{x_{ij} \mid i = 1, 2, \cdots, n; j = 1, 2, \cdots, m\}$,$x_{ij}$ 表示第 i 个农户的第 j 个指标的原始数据,x_{ij}^* 表示第 i 个农户的第 j 个指标同趋势化后的数据,y_{ij} 表示第 i 个农户的第 j 个指标的标准化后的数据,m 为初步筛选的指标个数,n 为农户样本总数。根据减法一致化方法得到逆向指标正向化的公式为:

$$x_{ij}^* = \max_{1 \leq i \leq n}\{x_{ij}\} - x_{ij} \tag{3.3}$$

根据均值化方法,将式(3.3)代入式(3.1),得到逆向指标的标准化公式为:

$$y_{ij} = \frac{x_{ij}^*}{\overline{x_j^*}} = \frac{\max_{1 \leq i \leq n}\{x_{ij}\} - x_{ij}}{\max_{1 \leq i \leq n}\{x_{ij}\} - \overline{x_j}} \tag{3.4}$$

式(3.4)中分子为指标 x_j 的上界与指标 x_j 的第 i 个观察值的偏差,将逆向指标正向化;分母为指标 x_j 的上界与指标 x_j 均值的偏差,整个式子完成了指标的同趋势化和无量纲化。

(2) 适度指标标准化

适度指标是指标值越接近某个值越好的指标,数值既不应过大,也不应过小,指标变动区间内有一个适度点,指标达到适度点之前是正指标,达到适度点之后是逆指标,因而可以看做是正指标和逆指标的组合[134]。有时候指标的适度值不是一个点值而是一个区间[135],例如,户主年龄、居住地居民价格指数等指标。

根据迟国泰(2009)[42]对居民消费价格指数的标准化处理,居民消费价格指数在101到105的范围内都是合理的,既没有通货膨胀也没有通货紧缩,本书将居民价格指数的最佳区间设置为[101,105]。根据中国邮政储蓄银行[136]农户信用评级表对年龄的打分,将户主年龄的合理区间定为[31,45]。

3.4 农户信用评价指标的标准化

不妨设指标 $x_j(j = 1, 2, \cdots, m)$ 的观测值为 $\{x_{ij} | i = 1, 2, \cdots, n; j = 1, 2, \cdots, m\}$，$x_{ij}$ 表示第 i 个农户的第 j 个指标的原始数据，x_{ij}^* 表示第 i 个农户的第 j 个指标同趋势化后的数据，y_{ij} 表示第 i 个农户的第 j 个指标的标准化后的数据，k_1 为最佳区间的下界，k_2 为最佳区间的上界，m 为初步筛选的指标个数，n 为农户样本总数。根据减法一致化方法，得到适度指标的正向化公式：

$$x_{ij}^* = \begin{cases} K - (k_1 - x_{ij}), & x_{ij} < k_1 & (a) \\ K, & k_1 \leq x_{ij} \leq k_2 & (b) \\ K - (x_{ij} - k_2), & x_{ij} > k_2 & (c) \end{cases} \quad (3.5)$$

式(3.5)表示当 x_{ij} 越靠近指标 x_j 的适度区间，指标得分越高；当观测值 x_{ij} 在指标适度区间内，正向化后得分为最大，为常数 K。这里常数 K 取两极值到适度区间的最大距离，即：

$$K = \max((k_1 - \min_{1 \leq i \leq j} x_{ij}), (\max_{1 \leq i \leq j} x_{ij} - k_2)) \quad (3.6)$$

根据均值化方法，将式(3.5)代入式(3.1)，得到适度指标的标准化公式：

$$y_{ij} = \frac{x_{ij}^*}{\overline{x_j^*}} = \begin{cases} \dfrac{K - (k_1 - x_{ij})}{K - (k_1 - \overline{x_{ij}})}, & x_{ij} < k_1 & (a) \\ 1, & k_1 \leq x_{ij} \leq k_2 & (b) \\ \dfrac{K - (x_{ij} - k_2)}{K - (\overline{x_{ij}} - k_2)}, & x_{ij} > k_2 & (c) \end{cases} \quad (3.7)$$

（3）定性指标量化

在对农户信用构建评价体系时，不可避免会涉及一些主观评价问题，在初选的指标体系中除了上文可以标准化的定量指标，还包括定性指标，如婚姻状况、户主受教育程度、是否有除银行外其他借贷等。这些定性指标不能准确测量，需要结合经济理论进行分析来制定打分标准。本书通过参考正规金融机构的农户信用评级打分表[136]，以及目前针对农户进行信用评价的现有文献，通过分析CHFS问卷中农户的这些定性数据的分布情况，以增加选项的区别度为主要原则，对定性指标采用不等距打分法进行了打分，如表3-2所示。

表 3-2　　　　　　　　　　定性指标量化标准

准则层(1)	指标层(2)	指标内容(3)	打分
家庭特征	户主受教育程度	硕士研究生及以上	1.00
		大学本科	0.90
		大专/高职	0.80
		中专/职高	0.50
		高中	0.30
		初中	0.20
		小学	0.10
		没上过学	0.00
	健康状况	非常好	1.00
		好	0.75
		一般	0.50
		差	0.25
		非常差	0.00
	……	……	……
	幸福感	非常幸福	1.00
		幸福	0.75
		一般	0.50
		不幸福	0.25
		非常不幸福	0.00
还款意愿	有无违约记录	有	0.00
		无	1.00
	……	……	……
	开车是否系安全带	是	1.00
		看情况	0.50
		否	0.00

续表

准则层(1)	指标层(2)	指标内容(3)	打分
还款意愿	是否按指示灯走	总是遵守	1.00
		偶尔不遵守	0.70
		看情况	0.40
		偶尔能遵守	0.10
宏观环境	居住地社会治安	非常好	1.00
		好	0.75
		一般	0.50
		不太好	0.25
		很差	0.00
稳定性	土地数量是否变更	是	0.00
		否	1.00
	……	……	……
	去年收入与正常年份比较	偏高	1.00
		持平	0.50
		偏低	0.00

除了给表3-2中列出的定性指标打分，还有一些指标，如在本地是否属大姓、有无除银行外其他渠道借贷、开车是否系安全带、是否按指示灯走、有无违约记录、土地数量是否变更，只有"是"和"否"两种情况，因此只有1和0两种得分，鉴于上述原因本书在表3-2中没有列出这些指标。

（4）多选问题的处理

本书的数据是对中国家庭金融调查与研究中心2011年"中国家庭金融调查"（CHFS）问卷进行整理而得，为了便于研究和问题的处理，针对本书涉及的问卷中一些多选问题，通过分析多选问题反映的信息，进行了有侧重点的合并处理。

第3章 农户信用评价指标体系初建

表3-3　　　　　　　　　　多选问题打分情况

问题(1)	选项(2)	打分(3)
您获取信息的主要来源有哪些方式？	1. 报纸、杂志、书籍	3
	2. 电视	4
	3. 收音机	4
	4. 互联网	5
	5. 手机短信	2
	6. 亲戚、朋友、同事	1
	7. 不关注	0
您主要关注哪方面的信息？	1. 政治	2
	2. 经济	4
	3. 社会	2
	4. 科教	5
	5. 体育	0
	6. 娱乐	0
	7. 军事	2
	8. 医疗养生	1
	9. 法制	2
	10. 农业生产技术	5
	11. 不关注	0

获取知识的能力(IAbility)、获取知识的意愿(IContent)分别是根据问卷中"获取信息的来源"(a4001)、"关注的信息内容"(a4002)进行计算间接得到的指标。"获取信息的来源"、"关注的信息内容"是多选问题，在计算时，本书根据问题要反映的信息，先对问题的每一个选项进行了打分，然后对选择多个选项的农户，将多个选项的分值进行了求和加总，得到最后得分。

获取知识的能力主要体现的是农户获取信息的途径是否多样，

获取信息的时效性是否强,以及获取信息的准确程度。因此,对选项的打分主要根据信息来源的特点,按照信息量、获取速度、信息的准确性、获取信息的便利程度进行综合评分。

获取知识的意愿体现的是农户学习的主动性和获取知识的意愿,是对农户创新能力的间接评价。从农产品生产的价值链分析,农户信息数据的更新程度等,影响着价值链中信息的流通、技术的更新、农产品的创新等,是价值链风险产生的来源[36]。因此,根据农户关注的信息类型,依照与农业生产的相关程度对各选项进行了打分,为了避免多个相关性差的选项相加会得到较高的得分,在设置分数时,选取了不等距打分。具体打分情况如表3-3所示。

通过打分将一个定性多选问题转变为定量问题进行研究,同样,转变后要依据指标的方向进行标准化处理。

3.5 农户信用评价指标的缺失值处理

在实证分析中,不可避免地会遇到缺失值的问题,这在调查数据中出现更为普遍,是影响调查问卷数据质量的主要方面,不完整的数据会降低分析结果的准确性。剔除数据有缺失的观测样本会造成信息的损失,因此,处理缺失数据的常用方法之一是进行缺失数据的插补。对于数据集的缺失值填补,常用的方法有单值插补和多重插补。单值插补法主要包括均值插补法、回归插补法、热卡插补法和随机插补法等,由于其从根本上改变了数据的原始分布,不能很好地体现缺失值的不确定性,目前被广泛应用的是可以有效克服单值插补法缺陷的多重插补法。多重插补法是1987年由Dempster教授和Rubin教授提出的,其主要思想是首先为每个缺失值都填补m个可能的插补值($m>1$),每个值都可以被用来插补数据集中的缺失值,这样就构造出m个完全数据集;然后对m个完全数据集分别采用相同的方法进行分析处理;最后综合上一步得到的m个处理结果,产生最终的插补值。

农户信用评价实质是一个分类的过程。分类数据的特点与连续型数据特点不尽相同,因此常用的插补方法并不完全适用于分类型数据[137]。分类算法是数据挖掘技术中用于处理属性分类问题的方法,随机森林模型是众多分类算法中精度较高的方法之一,所以,本书采用孟杰、李春林(2014)[137]提出的基于随机森林模型的分类数据缺失值插补法,该方法有效地克服了单值插补法的不足。

随机森林(Random Forests,RF)[138]是一种统计学习理论,2001年由L. Breiman首次提出,是集群分类模型中的一种,其基本思想是首先利用bootsrap重抽样方法从N个原始样本中抽取n个样本;然后对n个样本建立n个决策树模型,得到n个分类结果;最后依据n个分类结果,通过投票得到最终预测结果。

基于随机森林模型的分类数据缺失值插补法的基本步骤如下。首先,利用快速插补方法,即选择某一变量中出现最多的选项对缺失数据进行插补,并计算各观测值的相似度;然后,插补后进行迭代,重新计算各观测值的相似度后再插补。利用袋外数据(out-of-bag)估计每次迭代后模型的泛化误差,通过反复迭代,当OOB泛化误差收敛时迭代结束。

3.6 农户信用评价指标体系的过滤及净化

上文基于文献的搜集和农户信用行为的分析初步选择的农户信用评价指标,主要是遵循指标选取的全面性原则,尽量覆盖到指标的全集,不可避免会出现指标间反映重复信息的问题。所以,必须对初选的指标进行过滤和结构优化。利用相关性分析对指标集过滤是对指标集的第一次筛选,主要是利用变量间的相关性分析结果,删除相关性强的指标,尽量避免指标反映重复信息。同时,在对初选指标进行删选的同时,要利用指标的层次,在进行指标删减时有侧重点,避免删去重要指标。

3.6.1 基于最大信息系数的农户信用评价指标过滤

在统计学中,相关是指一个变量的数值与另一个变量的数值有连带性,即一个变量的值随着另一个变量的值的变化而变化。传统统计分析中的相关测量法(measures of association),就是用一个统计值表示变量之间的关系,这个值通常称为相关系数(coefficient of association)。大多数的相关系数以绝对值为 0 代表不相关,以 1 代表完全相关,介于 0 和 1 之间的数值越大,则相关程度(degree of association)越强。最常用的有皮尔逊(Pearson)积矩相关系数、斯皮尔曼(Spearman)系数、肯德尔(Kendall)的 tau 系数。但是,传统统计中常用的这几种相关分析方法都只能对变量之间可以用函数来表示的相关关系分析强弱,不具有通用性,在实际数据中,这种相关性可以是任何形式的相关。此外,如果具有不同的函数形式的数据都加上类似的噪音,用传统方法进行相关性评分就会差别很大。上述这些问题限制了传统方法的应用范围。例如,皮尔逊相关系数表示的是变量间的线性关系,它的大小说明不了相关程度,如果变量的关系不具有直线的性质,皮尔逊相关系数虽然等于 0,但不能否认其存在非线性相关关系的可能性。采用传统的统计相关分析方法往往会忽视很多变量间隐含的逻辑关系。

最大信息系数(Maximal Information Coefficient,MIC)[139]是 David N. Reshef 等学者(2011)基于信息论中关于两个事件集合之间的相关性信息度量——互信息(Mutual Information,MI)提出的一种关于相关性分析的改进方法,可以在高维的大数据集中找到一对一的强相关关系,能够对变量间的非函数相关关系进行有效的识别。

在此,先介绍一下信息论中有关互信息的一些定义。

定义 3.1 自信息量 $I(x_i)$,表示事件 x_i 发生以前,事件 x_i 发生的不确定性;或者,事件 x_i 发生以后,事件 x_i 所含有的信息量。计算公式见式(3.8)。

$$I(x_i) = -\log p(x_i) \qquad (3.8)$$

定义 3.2 信息熵 $H(X)$,表示事件 x_i 发生以前,事件 x_i 发生的平均不确定性;或者,事件 x_i 发生以后,每个离散消息所提供的平均信息量，反映了变量 X 的随机性。计算公式见式(3.9)。

$$H(X) = \sum_i p(x_i) I(x_i) = - \sum_i p(x_i) \log p(x_i) \qquad (3.9)$$

定义 3.3 互信息 $I(X; Y)$ 表示接收到某消息 Y 后，获得的关于事件 X 的平均信息量，是用已知 Y 的情况下 X 随机性的减小程度来表示两个变量之间的相关性。计算公式见式(3.10)。

$$I(X; Y) = E[(I(x_i; y_j)] = E\left[\log \frac{p(x_i/y_j)}{p(x_i)}\right] = H(X) - H(X|Y)$$
$$(3.10)$$

MIC 实质上是基于大数据处理方法，而且实际上我们很难获知经济生活中数据的概率分布函数，对于高维有限数据，估计其概率分布更加不可行。所以，当两个随机变量数据量比较大时，可以通过对两个变量数据进行栅栏分割来进行数据离散化和压缩，得到计算互信息所需要的概率值。用划分的格代替数据点当做研究的最小单位，计算不同的划分下所得到的最大互信息值，以此来判断变量间的相关关系。

对于有限的数据集 $D \subset R^2$，变量 X, Y 计算 MIC 具体步骤如下：

第一步，根据样本量 n，通常设定最大分割数为 $n^{0.6}$，即要满足条件 $ab < n^{0.6}$，G 代表分割为 a 列 b 行后的单元格，计算每一对整数分割 (a, b) 中最大的互信息量，见式(3.11)。

$$I^*(D, a, b) = \max I(D|_G)$$
$$= \max\left\{\iint f_{X,Y}(x, y) \log_2\left(\frac{f_{X,Y}(x, y)}{f_X(x) f_Y(y)}\right) dxdy\right\}$$
$$(3.11)$$

其中，$I(D|_G)$ 是以 G 为分割单元所求得的变量 X, Y 之间的互信息，最大值是要求以 a 列 b 行进行的所有分割可能的最大互信息。根据不同的行列分割方法，可以定义一个特征矩阵，第 a 列 b 行的元素为 $I^*(D, a, b)$。

第二步，对 $I^*(D, x, y)$ 进行标准化处理，构建 $M(D)$ 矩阵，第 a 列 b 行的元素见式(3.12)。

$$M(D)_{a,b} = \frac{I^*(D, a, b)}{\text{logmin}\{a, b\}} \quad (3.12)$$

根据互信息的特点已知，$I(X;Y) \leqslant H(X) = \log_2 a$ 且 $I(X;Y) \leqslant H(Y) = \log_2 b$，所以式(3.12)的处理可以将不同的分割下最大的互信息值控制在 0 到 1 之间，便于在不同的分割方法间比较互信息的大小。

第三步，计算不同分割的最大互信息值 MIC，见式(3.13)。

$$\text{MIC}(D) = \max_{ab<n^{0.6}} \{M(D)_{a,b}\} \quad (3.13)$$

式(3.13)的经济学含义：两个指标之间的 MIC 值越大，表明两个指标的相关关系越强。

对上文初步选择的 56 个评价指标运用 MIC 方法进行相关性分析之后，所得的结果如表 3-4 所示。

通常研究中进行相关分析一般采用皮尔逊相关系数，认为偏相关系数大于 0.8 时，变量高度相关，本书将两两变量之间的偏相关系数与 MIC 得分进行了比较，从表 3-5 的后两列可以明显看出，如果采用传统的偏相关系数进行指标相关性的识别，仅能识别有限的几对存在线性相关关系的指标，并不能充分识别指标间的信息冗余程度。所以本书在对指标进行冗余信息删减时选用了 MIC 系数。

如果两个评价指标的 MIC 值>0.5，则认为这两个评价指标具有比较强的相关关系，说明这两个评价指标所反映的信息是重复的，为了避免指标冗余，需要对相关性强的两个指标进行删减。为了避免删除重要指标，这时候就需要考虑指标集合与违约的相关性。通过比较分别包含两个密切相关指标的集合与违约的相关性，来删除与违约相关性较小的指标集中所包含的重复指标。

表 3-4　MIC 相关分析处理结果

序号	准则层	评价指标	户主年龄	家庭成员数	劳动力数量	劳动力占比	...	银行欠款数额	所有欠款总额	农业支出	农业生产性收入	农业收入/全部收入	每年农业生产时间	...	CPI	地区GDP增长率	农业生产经营补贴
1		户主年龄	1.000	0.100	0.112	0.104	...	0.108	0.117	0.102	0.093	0.124	0.111	...	0.062	0.072	0.110
10	家庭特征	家庭成员数	0.100	1.000	0.301	0.590	...	0.000	0.149	0.107	0.094	0.159	0.089	...	0.139	0.254	0.098
11		劳动力数量	0.112	0.301	1.000	0.560	...	0.138	0.113	0.201	0.174	0.241	0.140	...	0.052	0.115	0.151
12		劳动力占比	0.104	0.590	0.560	1.000	...	0.122	0.125	0.145	0.149	0.166	0.145	...	0.048	0.078	0.119
...		...	...	...	...	...	...	...	...	...	...	...	...	...	...	...	...
17	还款意愿	银行欠款数额	0.108	0.000	0.138	0.122	...	1.000	**0.543**	0.185	0.190	0.212	0.222	...	0.146	0.249	0.184
19		所有欠款总额	0.117	0.149	0.113	0.125	...	**0.543**	1.000	0.165	0.152	0.179	0.179	...	0.124	0.283	0.170

续表

序号	准则层	评价指标	户主年龄	...	家庭成员数	劳动力数量	劳动力占比	银行欠款数额	所有欠款总额	农业支出	...	农业生产性收入	...	农业收入/全部收入	...	每年农业生产时间	...	CPI	地区GDP增产长率	农业生产经营补贴
...		...	...	...	...	...	...	...	...	...	...	...	...	...	...	...	...	...	...	...
36	还款能力	农业支出	0.102	...	0.107	0.201	0.145	0.185	0.165	**1.000**	...	**0.913**	...	**0.480**	...	**0.955**	...	0.103	0.200	**0.617**
...		...	...	...	...	...	...	...	...	...	...	...	...	...	...	...	...	...	...	...
41		农业生产性收入	0.093	...	0.094	0.174	0.149	0.190	0.152	**0.913**	...	1.000	...	**0.928**	...	**0.904**	...	0.111	0.204	**0.585**
...		...	...	...	...	...	...	...	...	...	...	...	...	...	...	...	...	...	...	...
46		农业收入/全部收入	0.124	...	0.159	0.241	0.166	0.212	0.179	**0.480**	...	**0.928**	...	1.000	...	**0.854**	...	0.146	0.201	**0.631**
...		...	...	...	...	...	...	...	...	...	...	...	...	...	...	...	...	...	...	...
57	稳定性	每年农业生产时间	0.111	...	0.089	0.140	0.145	0.222	0.179	**0.955**	...	**0.904**	...	**0.854**	...	1.000	...	0.072	0.205	**0.609**

续表

序号	准则层	评价指标	户主年龄	...	家庭成员数	劳动力数量	劳动力占比	银行欠款数额	所有欠款总额	农业支出	农业生产性收入	农业收入/全部收入	每年农业生产时间	...	CPI	地区GDP增长率	农业生产经营补贴
...		...	...	...	...	...	...	...	...	...	...	...	...	...	...	...	...
62	宏观环境	居民消费价格指数	0.062	...	0.139	0.052	0.048	0.146	0.124	0.103	0.111	0.146	0.072	...	1.000	**0.861**	0.115
63		地区GDP增长率	0.072	...	0.254	0.115	0.078	0.249	0.283	0.200	0.204	0.201	0.205	...	**0.861**	1.000	0.208
64		农业生产经营补贴	0.110	...	0.098	0.151	0.119	0.184	0.170	**0.617**	**0.585**	**0.631**	**0.609**	...	0.115	0.208	1.000
...		...	...	...	...	...	...	...	...	...	...	...	...	...	...	...	...

注：由于初选的指标集合中变量个数较多，在进行两两变量的相关分析中有一些变量的相关性得分过小，程序运行后MIC得分结果不予显示。另外，结合皮尔逊相关系数的得分大小，为避免对指标的过度删减，本书设置MIC的阈值为0.5。所以，表3-4中只列出了MIC得分>0.5的指标对的部分得分结果。

表 3-5　MIC 与 Pearson'ρ 相关分析处理结果对比

X var	Y var	MIC	Pearson'ρ
农业支出	每年农业生产时间	0.9549	−0.1826
农业收入/全部收入	农业生产性收入	0.9283	−0.4347
农业支出	农业生产性收入	0.9128	**−0.8790**
农业生产性收入	每年农业生产时间	0.9035	0.2716
地区 GDP 增长率	居民消费价格指数	0.8612	0.2875
……	……	…	…
农业收入/全部收入	农业生产经营补贴	0.6313	−0.2473
农业生产经营补贴	农业支出	0.6167	−0.4790
农业生产经营补贴	每年农业生产时间	0.6088	0.1711
家庭成员数	劳动力占比	0.5899	0.2027
农业生产经营补贴	农业生产性收入	0.5847	0.5063
劳动力数量	劳动力占比	0.5603	0.5283
银行欠款数额	所有欠款总额	0.5434	**0.7992**
……	……	…	…
土地数量是否变更	有无除银行外其他借贷	0.00001	−0.0257
……	……	…	…

注：此表中所列的指标对仅是参照表 3-4 进行的选取，考虑到这些指标的对比分析已经可以证明 MIC 方法的优势，所以并没有列出全部指标的得分结果。

3.6.2　基于最大相关分析的农户信用评价指标体系净化

上文所采用的 MIC 可以很好地判别指标间的非函数相关关系，但是只能在两两评价指标之间进行比较。在不进行样本分布假设的前提下，为了比较多个指标之间的相关关系，本节采用最大相关分析（Maximal Correlation Analysis，MAC）方法。MAC 方法是 H. N. Hoang 等学者（2014）[140]根据 MIC 方法，提出的更一般化的相关分析方法，是 MIC 方法的一个推广，所以具有 MIC 可以识别非函数相关关系等所有优点。先介绍一下 MAC 方法所涉及的最大相关分析的定义。

定义 3.4 随机变量 $\{X_i\}_{i=1}^d$ 取值为实数，则随机变量组 $\{X_i\}_{i=1}^d$ 的最大相关分析定义为：

$$\text{CORR}^*(X_1, \cdots, X_d) = \max_{f_1, \cdots, f_d} \text{CORR}(f_1(X_1), \cdots, f_d(X_d))$$

(3.14)

其中，CORR 是一种相关性测量方法，$f_i: \text{dom}(X_i) \to A_i$ 是一类预定义的函数，$A_i \subseteq \mathbb{R}$。

由定义 3.4 可以看出，最大相关分析就是要搜寻 X_i 的一种转换方式，通过该转换后用 CORR 进行相关性测量，可以得到 X_i 之间最大的相关系数。MAC 的实质就是选用标准化的互信息作为相关性测量方法（CORR），而 $f_i: \text{dom}(X_i) \to \mathbb{N}$ 是 X_i 的离散化函数，该映射需要用到计数测度。

计算 MAC 的理论过程和 MIC 是一致的，不妨设 d 维实数数据集 D 有 N 个观测样本，维度为 $\{X_i\}_{i=1}^d$，每一维度都是一个随机变量。

第一步，首先对每一维度的数据进行分割，设 g_i 是一种分割方式，把维度 X_i 划分成 $n_i = |g_i|$ 个箱子的，则 $G = \{g_1, \cdots, g_d\}$ 为数据集 D 的划分，每一维度的划分都要满足 $n_i \geq 2$，计算 d 维数据集 D 在 G 划分下，所得到的总的最大互信息量，见式(3.15)。

$$I^*(D^G) = \max\{I(D^G)\}$$
$$= \max\left\{\sum_{i=2}^{d}(H(X_i^{g_i}) - H(X_i^{g_i} \mid X_1^{g_1}, \cdots, X_{i-1}^{g_{i-1}}))\right\}$$

(3.15)

第二步，互信息的大小依赖于划分的网格数，所以对 $I^*(D^G)$ 进行标准化，得到 $I_n^*(D^G)$，见式(3.16)。

$$I_n(D^G) = \frac{I^*(D^G)}{\sum_{i=1}^{d}\log(n_i) - \max_{1 \leq i \leq d}\log(n_i)}$$

(3.16)

第三步，计算不同划分的最大互信息值 MAC，见式(3.17)。

3.6 农户信用评价指标体系的过滤及净化

$$MAC(D) = \max_{\substack{G=\{g_1,\cdots,g_d\} \\ \forall i \neq j:\ n_i \times n_j < N^{0.6}}} \{I_n(D^G)\} \quad (3.17)$$

本书采用 MAC 方法，运用 JAVA 软件调用 Nguyen 在文章中提供的程序包，对 3.6.1 节中相关性较强的指标进行了删减，所得结果如表 3-6 所示，具体思路如下。

首先，由表 3-4 可知，初选的指标中，有 13 对相关性较强的指标。去掉 13 对相关性强的指标后，对剩余指标集与违约情况进行多元最大相关分析，得到的相关性得分 $MAC_0 = 0.8183$；

其次，针对每一对相关性较强的指标 X_1 和指标 X_2，分别将其添加到剩余指标集中，分别对两个新指标集进行多元最大相关分析，得到 MAC_1 和 MAC_2；

最后，分别计算 MAC_1、MAC_2 与 MAC_0 的差值，分别得到 ΔMAC_1、ΔMAC_2，表示添加新指标后，指标集与违约的相关性增加了多少，保留相关性增加更大的指标，相应地删除该对指标中剩余的另一个指标。

表 3-6　　MAC 相关分析处理结果

序号	MIC 值大于 0.5 的指标对				MIC 值	相关分析删除的指标
	评价指标 1	ΔMAC_1	评价指标 2	ΔMAC_2		
1	农业支出	0.0050	每年农业生产时间	**0.0007**	0.9549	每年农业生产时间
2	农业收入/全部收入	0.0049	农业生产性收入	**0.0020**	0.9283	农业生产性收入
3	农业支出	0.0050	农业生产性收入	**0.0020**	0.9128	农业生产性收入
4	农业生产性收入	0.0020	每年农业生产时间	**0.0007**	0.9035	每年农业生产时间
5	地区 GDP 增长率	0.0050	居民消费价格指数	**0.0049**	0.8612	居民消费价格指数

续表

序号	MIC 值大于 0.5 的指标对				MIC 值	相关分析删除的指标
	评价指标 1	ΔMAC_1	评价指标 2	ΔMAC_2		
6	农业收入/全部收入	0.0049	每年农业生产时间	**0.0007**	0.8537	每年农业生产时间
7	农业收入/全部收入	0.0049	农业生产经营补贴	**0.0021**	0.6313	农业生产经营补贴
8	农业生产经营补贴	**0.0021**	农业支出	0.0050	0.6167	农业生产经营补贴
9	农业生产经营补贴	0.0021	每年农业生产时间	**0.0007**	0.6088	每年农业生产时间
10	家庭成员数	0.0045	劳动力占比	**0.0033**	0.5899	劳动力占比
11	农业生产经营补贴	0.0021	农业生产性收入	**0.0020**	0.5847	农业生产性收入
12	劳动力数量	0.0037	劳动力占比	**0.0033**	0.5603	劳动力占比
13	银行欠款数额	0.0061	所有欠款总额	**0.0049**	0.5434	所有欠款总额

删去反映重复信息且与评价目标相关性不好的 6 个指标之后，最终得到了包含 47 个评价指标的指标体系，指标的筛选结果见表 3-1 第 3 列。

3.7 本章小结

（1）结合现有的研究和我国农户信用管理现状，为了使评价结果科学、全面、公平，本章阐述了构建农户信用评价应该遵循的六个原则：全面性、目的性、层次性、可比性、导向性、普遍性。

（2）农户信用评价是对农户信用行为特征的认识和分析、逐步深入、逐步系统化的过程。基于此，本章提出了构建一套完善的农户信用评价指标体系的三个重要环节：理论准备、指标初步筛选和结构优化、结合评价模型进一步优化指标体系。

（3）通过搜集整理研究农户信用评价的文献，并依据农户信用行为理论，本章初步筛选出了农户信用评价指标。然后，通过 MIC 和 MAC 相关性分析，对初选指标级进行了过滤，最终构建了包括 47 个指标的农户信用评价体系，完成了农户信用评价指标体系的初建工作。

本章的主要创新有以下几点。

（1）构建了反映农户信用特点的信用评价指标体系。通过选取日常生活中是否按指示灯走、有无违约记录等指标，从社会交往层面的合规度、经济交易层面的践约度来综合反映农户的还款意愿。除了农户的收入水平和资产状况，对还款能力的评价加入了可以反映农户成长及创新能力的指标，例如，通过教育培训支出、获取知识的意愿和能力来反映农户洞察外界环境及新趋势变化的能力和掌握信息的速度。相比以往的文献，本书考虑到农户信用的外部特征较为明显，主要表现为收入的不确定性；再加上随着农村人口高度流动，以亲缘为核心的信任关系也随着家庭的迁徙和分割而受到削弱，因此把稳定性从宏观环境指标层剥离出来成为一个准则，用每年农业生产时间、在本地居住时间、土地数量是否变更、本年收入与上年收入比较、收入增长与物价增长比较等指标来反映农户的稳定性。

（2）运用 MIC 和 MAC 进行相关性分析时不需要假定样本分布，并且可以识别非函数相关关系。通过 MIC 和 MAC 相结合的方法进行指标的定量筛选，可以避免用传统统计方法进行相关分析所忽视的指标间非线性的相关关系，可以高效地对指标体系进行过滤，删除相关性大并且判别效果不好的指标，避免指标反映重复信息。

第4章　农户信用评价指标体系优化

对正处于国家大力推动农村金融建设时期的涉农贷款金融机构而言，农户信用评价中存在的最大问题就是用于评价的数据不整齐、历史数据量小，而且明显不是统计研究中通常假设的正态分布。本书采用中国家庭金融调查数据（CHFS）进行农户信用评价实证分析，所筛选的数据也呈维度高、样本量小、非正态分布的特点。面对当前的数据问题，在中国完善农户信用体系建设之前，只能寻找一个较优的方法来应用这些数据进行问题分析，而支持向量机的一个优势就是能很好地处理高纬度、小样本的数据。

支持向量机是一种有着坚实理论基础的小样本学习方法，可以用于处理线性和非线性分类问题，基本上不涉及概率测度及大数定律等，因此不同于现有的统计方法。从本质上看，它避开了从归纳到演绎的传统过程，简化了通常的分类和回归等问题。越来越多的学者在解决分类及预测等问题时选择支持向量机作为研究方法，如L. Han（2013）[92]证明在信用评价上，支持向量机与传统的统计方法，如logistic回归方法、贝叶斯网络等相比较，对数据不需要进行分布假设，分类精度高。在处理不平衡分类问题上，支持向量机的分类效果明显优于随机森林。但是，支持向量机算法并不能直接分析输入变量的相关程度，过多地输入无关变量对支持向量机的预测精度会有很大影响，因此，事先运用一定的方法进行变量筛选，删除一些与违约事件的发生相关性不高的变量，可以显著提高支持向量机的分类精度，这也是本章基于信用评价模型进行指标体系优化的目的。

4.1 支持向量机原理

1962 年，Rosenblatt 提出了第一个学习机器模型——感知器，标志着人们对学习过程进行数学研究的真正开始；1968 年，Vapnik 等提出了统计学习理论（Statistic Learning Theory），是一种研究小样本统计估计及预测的理论，为支持向量机理论的提出打下了基础；1992 年，Vapnik、Boser 等学者根据统计学习理论提出了支持向量机（Support Vector Machine，SVM）学习方法[141]。传统的统计方法普遍根据经验风险最小化原则（误差平方和最小）来进行回归，当样本数量有限时，单凭经验风险最小化原则是不合理的，容易出现过拟合现象。因此，需要同时最小化经验风险和置信范围，即结构风险最优。支持向量机构造的依据是统计学习理论中的结构风险最小化原理。

支持向量机是一种对线性和非线性数据进行分类的方法。主要研究的内容是：当数据线性可分时，给出一个求解最大间隔的方法；而当数据非线性可分时，利用非线性映射将原始训练数据集映射到某一高维空间，使得原始训练集在新的维度上可以搜索到最优分离超平面（将两个类的数据分离的"决策边界"），通过非线性映射，将低维空间中的非线性问题转变为高维空间的线性问题，使得其在高维空间中"线性可分"。

4.1.1 数据线性可分的情况

设已知训练集 $T = \{(x_1, y_1), (x_2, y_2), \cdots, (x_l, y_l)\}$，其中，$x_i \in R^n$，$x_i$ 具有类标签 y_i，$y = \{y_1, y_2, \cdots, y_l\} \in \{+1, -1\}$ 对应两类问题，线性可分的情况如图 4-1 所示。

对于线性二分类问题，可以画出很多条直线将两类数据点分开，如图 4-1 所示。

分类超平面可以定义为：

$$w \cdot x + b = 0 \tag{4.1}$$

确定了超平面可以找到两个"边缘侧面"，如图 4-1 中 H_1 和

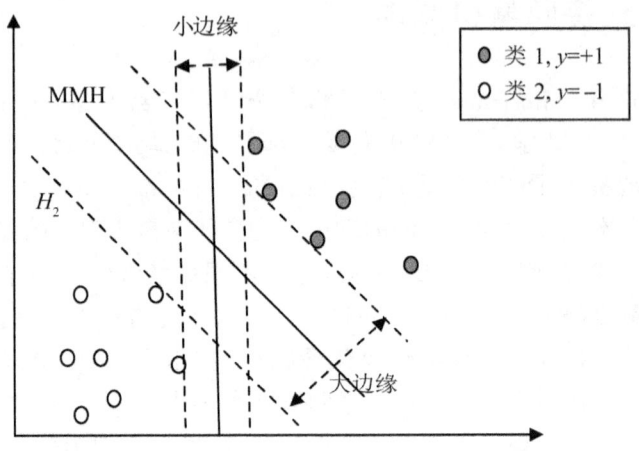

图 4-1 支持向量机模型示意图

H_2,从超平面到其两个边缘侧面的距离要相等,两个边缘侧面平行于超平面,两个边缘侧面之间的距离表示类与类之间的分类间隔。

由上可知,所有训练样本需满足如下约束条件:

$$(w \cdot x_i + b)y_i \geqslant 1, \forall i \quad (4.2)$$

当且仅当训练样本在两个边缘侧面上时,式(4.2)的等号成立,称这些训练样本为支持向量(support vector),在图 4-1 中用加粗的圆圈显示。

由上可得到两个侧面之间分类间隔或者边缘的计算公式:

$$\text{magrin} = 2\frac{|wx+b|}{\|w\|} = \frac{2}{\|w\|} \quad (4.3)$$

SVM 是通过搜索最大边缘超平面(Maximum Marginal Hyperplane,MMH)来找到具有最小分类误差的分类。最大边缘(margin),即要使两类之间的距离最大,从而得到结构风险最小、泛化能力较优的分类模型。最大化 $\frac{2}{\|w\|}$ 可以转变为最小化 $\frac{1}{2}\|w\|^2$,该问题可以表述成一个带约束的拉格朗日优化问题:

$$\begin{cases} \min \dfrac{1}{2}\|w\|^2 \\ \text{s.t.} \quad (w\cdot x_i + b)y_i \geq 1 \end{cases} \quad (4.4)$$

构造拉格朗日函数如下:

$$L(w, b, \alpha) = \frac{1}{2}\|w\|^2 - \sum_{i=1}^{l}\alpha_i((w\cdot x_i + b)y_i - 1) \quad (4.5)$$

为求解原始问题,根据最优化理论,我们转化为对偶问题来求解:

$$\begin{cases} \min\limits_{\alpha} \dfrac{1}{2}\sum\limits_{i,j=1}^{l}\alpha_i\alpha_j y_i y_j(x_i\cdot x_j) - \sum\limits_{i=1}^{l}\alpha_i \\ \text{s.t.} \quad \sum\limits_{i=1}^{l}y_i\alpha_i = 0,\ \alpha_i \geq 0,\ i=1,\cdots,l \end{cases} \quad (4.6)$$

其中 α_i 就是原问题中每个约束条件对应的拉格朗日乘子。很明显,式(4.5)是被约束的拉格朗日(凸)二次最优化问题,可以采用标准的凸二次规划算法求解。从 KKT 条件得知,只有支持向量的拉格朗日乘子 $\alpha_i > 0$,其余样本 $\alpha_i = 0$,模型只与支持向量有关,每一个约束实际就是一个支持向量,因此支持向量机分类器与其他方法相比不太容易过拟合,有很好的泛化性能。此外,支持向量机计算的复杂性取决于支持向量的数目,而不是样本的维数,这在某种意义上避免了"维数灾难"。

求解上述问题,得到最优解 $\alpha^* = (\alpha_1^*, \cdots, \alpha_i^*, \cdots \alpha_l^*)^T$,$\alpha_i^*$ 表示 α_i 的最优解;并据此计算出分类阈值 b^*(可通过式(4.8)进行计算)。最终得到最优分类函数,即 SVM 决策模型,可表示为式(4.7):

$$y = \text{sgn}\left\{\sum_{i=1}^{l}\alpha_i^* y_i(x_i\cdot x^T) + b^*\right\} \quad (4.7)$$

$$b^* = y_i - \sum_{i=1}^{l}y_i\alpha_i^*(x_i\cdot x_j) \quad (4.8)$$

式(4.7)表示输入测试集 x^T 后,根据由支持向量计算得到的判别函数 $f(x)$,可以判定测试集所属的类型。其中,y_i 是向量 x_i 的类标号；x^T 是检验样本。

处理实际问题时，面临的数据往往都是非线性可分的数据，这些数据又可以分为近似线性可分的数据集和线性不可分数据集，下文针对这两种数据，对线性支持向量机进行了扩展。

4.1.2 数据近似线性可分的情况

近似线性可分是指：不要求所有训练样本都满足式(4.2)的约束条件，对第 i 个训练点 (x_i, y_i) 引入松弛变量(Slack Variable) $\xi_i \geq 0$，$i=1,\cdots,l$，反映此训练样本允许被错分的程度。于是，分类超平面的最优化问题可以描述为如下的二次规划问题：

$$\begin{cases} \min \dfrac{\|w\|^2}{2} + C\sum_{i=1}^{l}\xi_i \\ \text{s.t.} \quad (wx_i + b)y_i \geq 1 - \xi_i, \xi_i \geq 0 \end{cases} \quad (4.9)$$

式(4.9)中，最小化的目标函数包含两项，第一项 $\dfrac{\|w\|^2}{2}$ 表示模型的间隔，是函数表达能力的表现；第二项 $C\sum_{i=1}^{l}\xi_i$ 是模型经验风险的体现，其中，C 为惩罚函数，C 越大表示对错误分类的惩罚越大。惩罚函数 C 实质上是对训练误差和间隔的平衡，当 $C \to \infty$ 时，近似线性可分的问题退化为线性可分的问题。最小化目标函数，体现了模型整体结构风险最小化的思想。与式(4.4)中的约束相比，通过引进松弛变量 ξ_i，"软化"了式(4.9)中的约束条件，该分类超平面也称为软间隔超平面(Soft Margin Hyperplane)。

同样的，利用二次规划算法，可求得支持向量机的判别模型为：

$$y = \text{sgn}\left\{\sum_{i=1}^{l}\alpha_i^* y_i(x_i \cdot x^T) + b^*\right\} \quad (4.10)$$

求解得到的拉格朗日乘子 α_i^* 可能有如下几种情况。

(1) $\alpha_i^* = 0$。

(2) $0 < \alpha_i^* < C$，此时所对应的 x_i 为标准支持向量(Normal Support Vector)。

(3) $\alpha_i^* = C$,此时所对应的 x_i 为边界支持向量(Boundary Suport Vector),是错分的训练样本点。

只有情形(2)和情形(3)所对应的支持向量对软间隔最优超平面和判别函数有贡献。

4.1.3 数据非线性可分的情况

对于低维空间中线性不可分的数据,可以通过一个非线性映射 $\phi(\cdot)$ 将原始数据映射到高维空间,合理地增维可以在高维空间中找到一个线性的划分面,将原始维度的非线性问题简化为高维空间的线性问题。

由式(4.1)可知,映射到高维空间中得到的超平面为:
$$w \cdot \phi(x) + b = 0 \tag{4.11}$$
需要求解的最优化问题为:
$$\begin{cases} \min_{\alpha} \dfrac{1}{2} \sum_{i,j=1}^{l} \alpha_i \alpha_j y_i y_j (\phi(x_i) \cdot \phi(x_j)) - \sum_{i=1}^{l} \alpha_i \\ \text{s.t.} \sum_{i=1}^{l} y_i \alpha_i = 0,\ 0 \leq \alpha_i \leq C,\ i=1,\cdots,l \end{cases} \tag{4.12}$$

通过计算,最后得到分类判别函数,如下:
$$y = \text{sgn}(w^* \cdot \phi(x) + b^*) = \text{sgn}\left(\sum_{i=1}^{l} y_i \alpha_i (\phi(x_i) \cdot \phi(x)) + b^*\right) \tag{4.13}$$

$$b^* = y_i - \sum_{i=1}^{l} y_i \alpha_i^* (\phi(x_i) \cdot \phi(x_j)) \tag{4.14}$$

由上述过程可以看到,训练样本仅出现在形如 $\phi(x_i) \cdot \phi(x_j)$ 的内积中,而 $\phi(\cdot)$ 仅为一个非线性映射函数。对映射到新的高维空间中的样本求最大边缘超平面时,需要多次计算内积,为了减少计算量,引入了函数 $K(x_i, x_j)$,该函数满足式(4.15)所示的条件,称其为核函数。

$$K(x_i, x_j) = \phi(x_i) \cdot \phi(x_j) \tag{4.15}$$

从式(4.15)可知,将核函数 $K(x_i, x_j)$ 应用于原始训练样本完全等价于高维空间中样本的内积计算。利用核函数,不需要考虑非线性变换 $\phi(\cdot)$,便可实现样本的增维;不需要在高维空间中计算内积,提供了增维后样本间相似度的简单计算方法。

目前研究最多的核函数主要有以下三种。

多项式核函数 $\quad K(x_i, x_j) = (x_i \cdot x_j + c)^q \quad$ (4.16)

高斯核函数 $\quad K(x_i, x_j) = \exp\left(-\dfrac{\|x_i - x_j\|^2}{2\sigma^2}\right) \quad$ (4.17)

Sigmoid 型核函数 $\quad K(x_i, x_j) = \tanh(\kappa x_i \cdot x_j - \delta) \quad$ (4.18)

上述三个不同的核函数都会在原始维度空间上得到非线性分类模型,式(4.16)对应的支持向量机是一个 q 次多项式分类模型,式(4.17)对应的支持向量机是高斯径向基函数(RBF)分类模型,式(4.18)对应的是多层感知器(MLP)分类模型。

一旦选定了核函数,最优化问题就转变为:

$$\begin{cases} \min\limits_{\alpha} \dfrac{1}{2} \sum\limits_{i,j=1}^{l} \alpha_i \alpha_j y_i y_j K(x_i \cdot x_j) - \sum\limits_{i=1}^{l} \alpha_i \\ \text{s.t.} \sum\limits_{i=1}^{l} y_i \alpha_i = 0,\ 0 \leqslant \alpha_i \leqslant C,\ i=1,\cdots,l \end{cases} \quad (4.19)$$

从而得到分类判别函数:

$$y = \operatorname{sgn}\left(\sum_{i=1}^{l} y_i \alpha_i K(x_i \cdot x) + b^*\right) \quad (4.20)$$

其中,b^* 的计算公式为:$b^* = y_i - \sum\limits_{i=1}^{l} y_i \alpha_i^* K(x_i \cdot x_j) \quad$ (4.21)

对非线性可分数据采用支持向量模型进行建模,核函数的选择会直接影响支持向量机的预测精度。在本书的后续章节中,均采用式(4.17)所表示的高斯核函数作为将低维数据映射到高维数据的核函数。

选择高斯核函数不仅仅是因为它的核矩阵为正定阵,可以保证支持向量模型的对偶形式得到稳定的解,更重要的在于以下几点。[142]

其一,通过高斯核函数映射得到的特征空间为无穷维,而对于任何非重复样本,变换后在无穷维空间线性无关。因此,对于分类问题,在通过高斯核函数映射得到的特征空间中必定可以找到一个线性分类超平面将原始训练数据进行分类。

其二,通过计算可以发现在原始的低维空间中输入的任意两点之间的距离与投影到高维空间后该点之间的距离存在一定的关系,见式(4.22)。映射到高维空间后样本点之间与原始空间样本点之间距离成正比,意味着通过高斯核函数进行映射可以保持原有数据的拓扑结构,原始数据的信息并没有损失,因此选择高斯核函数进行映射能够得到比较好的学习效果。

计算特征空间中任意两点间的距离:

$$
\begin{aligned}
& \| \phi(x_i) - \phi(x_j) \| \\
& = \sqrt{\phi(x_i) \cdot \phi(x_i) + \phi(x_j) \cdot \phi(x_j) - 2\phi(x_i) \cdot \phi(x_j)} \\
& = \sqrt{K(x_i, x_i) + K(x_j, x_j) - 2K(x_i, x_j)} \\
& = \sqrt{2\left(1 - \exp\left(-\frac{\| x_i - x_j \|^2}{2\sigma^2}\right)\right)}
\end{aligned}
$$

(4.22)

综合考虑上述多个原因,在本书的后续研究中均采用高斯核函数作为低维空间到高维空间的映射关系进行支持向量机模型构建。

4.2 基于支持向量机原理的变量选择

支持向量机具有结构风险最小化的特点,近些年广泛应用于各个领域,但对支持向量机进行变量选择的研究方法较少,具有代表性的有 Guyon 等(2002)[143]提出的迭代变量消除法、Gualdron 等(2007)[144]基于序列前向的选择方法、Aksu 等(2010)[43]基于支持向量机分类间隔的变量消除法。H. D. Li (2011)[44]考虑到样本和变量的随机性会导致不一样的变量选择结果,因此运用模型集群分析的思路,考虑了样本或者变量对变量选择的影响,基于支持向量机最大间隔的原理,H. D. Li 提出了专门适用于 SVM 的变量选择方法——间隔影响分析法。

4.2.1　模型集群分析原理

Breiman(2001)[145]指出统计建模中存在着 Rashomon 效应,即在变量空间,根据变量选择的不同,可能存在许多预测能力相差不大但机理完全不一样的模型,说明了模型在变量空间中存在不确定性。在经济领域研究实际问题时,通常是以经济理论为基础的建模,通过经济理论可以降低模型的不确定性,进而可以将可能模型缩小的一个相对较小的空间,但搜集的数据一般只是对所研究问题的总体进行抽样而得到的部分数据,因此利用部分数据进行一次建模来估计实际模型是有偏的。基于此,H. D. Li(2010)[146]提出了通过建立多个模型来从不同的侧面反映总体的信息,最终得到对总体更加全面的估计,该思路称为模型集群分析(Model Population Analysis,MPA)。

模型集群分析主要包括如下三个步骤。

(1)通过蒙特卡罗采样方法获得子数据集。运用一定的抽样方法从原始数据中抽取样本或变量,得到 N 个子数据集,可以由部分变量或者部分样本组成,也可以同时抽取部分样本和部分变量。

(2)对 N 个子数据集分别建模。根据所研究的问题,选取一定的方法(分类或者回归)对所有 N 个子数据集分别建立模型,得到 N 个子模型。试图通过 N 个子模型来从不同的侧面反映原始数据提供的信息。

(3)针对 N 个子数据集,对感兴趣的参数进行统计分析。参数可以是样本的预测误差、变量的重要性、模型中的参数等。MPA 同 Bayesian 分析一样,认为待估参数不是取一个值,而是服从一个分布,通过建立大量的子模型而从中得到某个感兴趣的参数的经验分布。

4.2.2　间隔影响分析法原理

支持向量机的间隔是反映模型分类性能的重要指标,因此在构建支持向量机时能够扩大其间隔的变量是有信息的,反之,则是无信息甚至是干扰的变量。基于此,H. D. Li(2011)[44]运用 MPA 思路,提出了针对支持向量机的以其工作原理为基础的变量选择方法,即间隔影响分析法(Margin Influence Analysis,MIA)。

按照 MPA 的思路,MIA 也分为三个步骤。

(1)在样本空间运用蒙特卡罗方法进行子数据集抽样

设数据集 $D = \{(x_1, y_1), (x_2, y_2), \cdots, (x_l, y_l)\}$,其中,$x_i \in R^n$,$x_i$ 具有类标签 y_i,$y = \{y_1, y_2, \cdots, y_l\} \in \{+1, -1\}$ 对应两类问题。运用蒙特卡罗方法对原数据集的变量进行 N 次抽样(N 通常取一个较大的数,如 $N = 10000$)。首先,确定每次抽取的变量个数 p;其次,仅对 n 个变量进行无放回的抽样,得到变量个数为 p,样本量为 l 的子变量集;最后,对变量集进行重复 N 次抽样,最终得到的 N 个子数据集,表示为 $(x_{\text{sub}}, y_{\text{sub}})_q$,$q = 1, 2, \cdots, N$。

(2)建立 N 个支持向量机子模型

针对第(1)步抽取的 N 个子数据集,分别应用支持向量机方法建立 N 个子模型。对于每一个随机抽样所得的子数据集,通过交叉验证确定惩罚常数 C,建立分类器,同时提取每个子分类器对应的间隔值,记为 m_i,$i = 1, 2, \cdots, N$。

(3)对支持向量机间隔的分布进行统计分析

在此步骤中,对有信息变量的挑选是基于该变量能否增大支持向量机间隔,而间隔是否增大则是通过对多个分类器进行统计分析之后确定的。例如,研究第 i 个变量:第一步,将 N 个分类器按照是否包含第 i 个变量分为 A、B 两组,A 组包含变量 i、B 组不包含变量 i;第二步,根据两组间隔的分布,求出 A、B 两组间隔的均值 mean_A 和 mean_B,并计算两组间隔的均值之差,见式(4.23);

$$D = \text{mean}_A - \text{mean}_B \tag{4.23}$$

第三步,如果两组间隔的均值减小($D < 0$),则认为将第 i 个变量加入到模型中会减小支持向量机的分类间隔,从而降低其分类预测能力,则将这类变量定义为无信息变量,并进行删除。反之,称为候选信息变量。

第四步,利用 Mann-Whitney 秩和检验对候选信息变量进行检验,来判断候选信息的加入使得模型间隔的扩大是否显著,通过检验的变量称其为有信息变量。

4.3 基于支持向量机变量选择的农户信用评价指标体系优化

本书第三章通过整理现有文献，对农户信用评价指标进行了初选，并利用相关分析对初选指标进行了净化，删除了信息冗余的指标，初步构建了农户信用评价指标体系。但是，Breiman（2001）[145]指出统计建模中存在着罗生门效应，在构建模型时，变量、样本等选择的不同，可以构造出许多精度相同但实际意义不同的模型，使得真实的问题得不到准确的描述。因此，在利用初选的指标进行农户信用评价模型构建之前，还需要进一步优化指标体系。

考虑到不同地区影响农户的信用行为、信用水平的因素有着地域性的差异，本节将从中国家庭金融调查（CHFS）中选取的527户农户的数据按照东、中、西部地区进行分组（分组情况见表4-1，分组依据为CHFS调查数据中的region变量），然后对三个地区分别利用上文筛选出来的47个农户信用评价指标进行指标集优化。

表4-1　　　　　　农户信贷样本按地区分组情况

样本类型	违约样本	不违约样本	合计
东部	35	188	223
中部	44	62	106
西部	100	98	198
合计	179	348	527

本书对农户信用评价指标体系进行优化，是基于第三章中农户信用评价指标初选并通过相关分析进行筛选的指标体系进行的优化，所以对表3-1中保留的47个指标依据支持向量机最大间隔原理进一步对东、中、西部农户进行利润指标体选择。采用MIA方

法进行指标选择之前,首先需要确定蒙特卡罗随机抽样次数 N,每次抽取的变量个数 p,以及惩罚参数 C。考虑到计算量的大小,将蒙特卡罗随机抽样次数 N 确定为 10000。

针对东部、中部、西部的数据,利用网格搜索(grid search)法对惩罚参数 C 进行参数寻优。网格搜索法是通过对待搜索的参数值的可行区间进行划分,划分为一系列的网格,对于选定的参数值,利用 K 折交叉验证得到选定参数对应支持向量机训练集的分类准确率,通过遍历所有网格来逐一比较择优,最终选取使得训练集分类准确率最高的参数作为最优参数。这种参数寻优方法可以保证所得到的搜索解是全局最优解。网格搜索法参数寻优过程如下。

(1)设定网格搜索的参数 C 的搜索范围和搜索步距,本书设定惩罚参数 C 的搜索范围为 $[2^{-5}, 2^5]$,搜索步距设置为 1。

(2)采用 K 折交叉验证(cross validation)对训练集中的样本进行测试。本书 K 设置为 3,即先将原始数据集随机划分成 3 个子集,从 3 个子集中选择一个作为测试集,其余的 2 个子集作为训练集,得到 3 个模型,然后对 3 个模型的分类准确率计算均值,得到分类器的性能指标。

(3)通过遍历所有网格来逐一比较择优,最终选取使得训练集分类准确率最高的参数作为最优参数,计算结果见表 4-2。

表 4-2　　　　　分类模型网格法参数寻优结果

数据类型	Best C	Best σ^2	准确率
东部	2.00	0.0625	87.3874%
中部	8.00	0.0313	81.1321%
西部	0.25	0.0313	70.2020%
全部数据	2.00	0.0625	86.4865%

对于每次抽取的变量个数 p,本书按照 MIA 程序包①中默认的

---

① http://www.libpls.net/mia.php。

参数进行了设置，即 $p = \lfloor \sqrt{n} \rfloor = \lfloor \sqrt{48} \rfloor = 6$（其中，$n$ 为待选取的变量总数）。

对东部、中部、西部的数据，通过 MIA 的分析结果，发现对于不同的地区相同的评价指标包含的违约判别信息是有差异的，这也进一步说明农户信用行为在不同的地区是有显著差异的。

对东部地区影响农户信用水平的指标进行分析，发现共有 10 个指标 DMEAN 值为负值，认为这些指标为无信息指标进行删除。剩余的 DMEAN 非负的指标进一步采用 Mann-Whitney U 方法进行统计检验，有 4 个 DMEAN 为非负值的评价指标没有通过检验也进行了删除，最后得到 33 个能够显著增加支持向量机分类间隔的评价指标（本书中设置显著性水平为 0.05，即通过假设检验需要满足 $P<0.05$），这些指标蕴含着分类信息，对农户信贷违约与否的分类具有预测价值。反之，如果在构建农户信用评价模型时引入其他没有信息的指标，有些指标不会增加支持向量机模型的分类间隔，甚至会使得模型的间隔减小，从而降低支持向量机模型的泛化能力。对于中部和西部的数据，同样采用上述方法进行了分析，分别得到了 31 个和 32 个能够显著增加支持向量机分类间隔的评价指标。对三个地区的农户信用评价指标进行间隔影响分析后得到的结果见表4-3。

表 4-3　　三个地区评价指标的间隔影响分析结果

序号	指标层	东部地区		中部地区		西部地区	
		DMEAN	P	DMEAN	P	DMEAN	P
1	家庭成员数	68.6013	0.0020	14.9854	0.0390	0.0101	0.0000
2	开车是否系安全带	−309.1405	1.0000	48.3781	0.0000	0.0234	0.0000
3	是否按指示灯走	−117.1394	1.0075	51.3882	0.0000	0.0206	0.0000
4	幸福感	91.0557	0.0012	53.8237	0.0000	0.0306	0.0000

续表

序号	指标层	东部地区 DMEAN	P	中部地区 DMEAN	P	西部地区 DMEAN	P
5	从事现有项目的年限	122.7845	0.0000	30.1555	0.0001	0.0133	0.0000
6	土地数量是否变更	175.3542	0.0000	46.5953	0.0000	0.0183	0.0001
7	教育培训支出	45.4527	0.0036	**−59.6832**	1.0000	**−0.0036**	1.4980
8	本年收入与上年收入比较	142.4100	0.0000	38.6705	0.0000	0.0188	0.0000
9	收入增长与物价增长比较	184.8242	0.0000	5.5225	0.0000	0.0175	0.0000
10	有无违约记录	63.2542	0.0030	78.1500	0.0000	0.0272	0.0000
11	银行欠款数额	37.1919	0.0421	14.1443	0.0483	0.0603	1.0000
12	借款总额	33.9201	**0.0746**	35.0978	0.0000	**−0.0486**	1.0000
13	固定资产	60.4987	0.0022	32.0761	0.0000	0.0062	0.0005
14	借出款总额	45.8421	0.0087	18.7171	**0.6933**	0.0094	0.0001
15	工商业收入	**−43.3496**	1.2323	**−69.8746**	1.2582	0.0201	0.0000
16	政府补贴	165.0446	0.0000	**−69.5265**	1.0000	0.0319	0.0000
17	农业支出	19.3554	0.0082	4.1525	1.0000	0.0275	0.0001
18	转移性支出	36.6374	0.0076	34.8535	0.0000	**−0.0110**	1.0013
19	劳动力数量	61.0135	0.0012	**−67.0231**	1.0183	**−0.0349**	1.0000
20	家庭耕地面积	108.2480	0.0000	53.5451	0.0000	0.0262	0.0000
21	户主性别	182.1518	0.0000	17.5652	0.0437	0.0227	0.0000

续表

序号	指标层	东部地区		中部地区		西部地区	
		DMEAN	P	DMEAN	P	DMEAN	P
22	户主受教育程度	73.0637	0.0036	**−22.8860**	1.0035	**−0.0387**	1.0000
23	在本地是否大姓	211.9037	0.0000	61.3099	0.0000	0.0164	0.0000
24	婚姻状况	91.5555	0.0000	**−69.9449**	1.0020	**−0.0128**	1.0146
25	户主排行第几	72.6124	0.0133	45.1769	0.0000	0.0207	0.0000
26	健康状况	115.2461	0.0000	26.4531	0.0000	0.0136	0.0452
27	户主年龄	77.6972	0.0018	19.8298	0.0093	0.0282	0.0000
28	使用信用的年限	−770.8612	1.0000	−70.2171	1.0000	−0.0972	1.0000
29	有无银行外其他渠道借贷	191.5622	0.0000	38.3926	0.0000	0.0366	0.0000
30	食品支出	44.0529	0.0087	16.8698	0.0109	0.0130	0.0004
31	保费支出	−51.9085	1.0601	48.4142	0.0000	0.0197	0.0000
32	工资收入	**−40.4289**	1.8389	−30.6501	1.0000	−0.0058	1.8685
33	流动资产	40.6247	0.0377	**−9.2782**	1.0091	**−0.0046**	1.1031
34	总支出	16.7858	**0.0925**	22.2269	**0.1183**	−0.0345	1.0000
35	农业收入/全部收入	76.1493	0.0021	**−69.7315**	1.0000	**−0.0069**	1.4697
36	支出收入比	**−123.7519**	1.0009	14.6745	0.0000	0.0253	0.0000
37	距离市/县中心距离	**−721.3198**	1.0000	29.7046	0.0000	**−0.0703**	1.0000
38	恩格尔系数	2.6189	**0.9023**	−70.0382	1.0000	**−0.0680**	1.0000

续表

序号	指标层	东部地区 DMEAN	P	中部地区 DMEAN	P	西部地区 DMEAN	P
39	家庭保障情况	32.5200	0.0087	57.5645	0.0000	0.0211	0.0000
40	家庭外出务工的人数	83.3780	0.0015	−70.0960	1.0000	−0.0191	1.0005
41	获取信息的能力	62.8042	0.1229	−54.2619	1.0055	−0.0447	1.0000
42	获取知识的意愿	−9.9398	1.9438	31.4869	0.0000	0.0287	0.0000
43	家庭年总收入	52.5379	0.0057	32.0388	0.0001	0.0232	0.0032
44	地区 GDP 增长率	−35.8904	1.3983	24.5324	0.0000	0.0159	0.0000
45	居住地社会治安	81.1450	0.0087	34.3246	0.0000	0.0153	0.0000
46	老年人数占比	61.1278	0.0002	1.7896	0.0005	0.0212	0.0001
47	少年人数占比	123.7373	0.0000	0.1522	0.0041	0.0246	0.0000

通过运用中国家庭金融调查数据（CHFS）中有借贷信息的农户进行分析，从表 4-3 中我们可以看到，使用信用的年限、工资收入、总支出、恩格尔系数、获取信息的能力这 5 个指标对于东、中、西部地区农户信用水平评价均是没有信息的指标，在进行指标体系优化时需要将这些指标删除。

除上述 5 个指标外，我们可以看到东部地区、中部地区和西部地区之间包含农户信用评价信息的指标有着明显的差异：是否系安全带、是否按指示灯走、有无违约记录保费支出、获取知识的意愿等指标对于东部地区农户是不包含评价信息的指标，对于中西部地区是包含信息的指标；而户主受教育程度、婚姻状况、教育培训支出、流动资产等指标对于东部地区农户是包含评价信息的指标，对于中西部地区是不包含信息的指标。造成地区间农户信用评价指标体系差异的主要原因可以归结为以下几点。

第一，经济水平不同。地区间的发展程度不同，使得中西部欠发达地区的家庭收入水平要低于东部发达地区，消费水平也相对较低。中西部农户家庭的流动资产、支出收入比等无论数额还是差异性都要小于东部地区农户家庭，因此流动资产、支出收入比等指标对东部地区农户信用评价包含的信息要大于对中西部地区。另外，相对东部地区，中西部地区资源流动性较弱，产业集聚程度较低，农户的非农投资机会相对有限，因此中西部地区非农产业相对落后，省际"GDP 增长率"差异性较大。东部发达地区农户的主要收入来源非农化水平要远远高于其他地区，中西部农户通过工商业等非农产业来增加收入的机会很少，这种机会限制在西部地区表现得更为显著。因此，相比于东部地区，"农业收入占比"对中西部地区农户信用评价提供的信息很有限，省际"GDP 增长率"提供的农户信用评价信息要多于东部地区。此外，"工商业收入"对西部地区农户信用评价提供的信息也很有限。

第二，发展政策不同。国家在不同地区间所实行的倾斜发展政策加剧了不同地区农户之间的差异扩大。先行的沿海开放政策使得东部沿海地区农村经济发展速度较快，城镇化水平较高，农村配套基础设施建设较完善，拉大了东部和中西部农户之间的地区差异；西部大开发政策的推行，东西部地区差异在逐渐缩小，但没有完全消失。东部和西部都有大开发政策，相比较下，中部地区农户的发展受到的政策扶持力度较小，进而影响着农户的收入水平以及还贷观念，所以"政府补贴"对于中部地区农户的信用评价提供的信息要小于东西部地区。此外，考虑到东中西部农村地区天然的地形地貌分布差异，西部农村地区多位于山区，农村分布较分散，道路等基础设施配套受限，农户离市/县中心的距离一般相对较远；而东部地区农村分布相对集中，还有很多城中村的存在，农户离市/县中心距离普遍较近；而中部地区农户居住相对于西部比较集中，相对于东部比较分散，地势开阔，山区相对较少，使得"距离市/县中心距离"对于中部地区农户的信用评价提供的信息要大于东西部地区。

第三，社会保障制度的差异。社会保障是缩小贫富差距的再分配手段之一，是构建社会主义新农村、全面建设小康社会的重要内容，其中养老保险和医疗保险直接关系着农户的切身利益。目前，中国的社会保障实行属地化的管理，一般来说，不同区域的地方政府用于社会保障的财政支出在很大程度上要取决于当地的财政收入、经济发展水平以及当地的产业结构，所以不同区域之间的社会保障负担不公平、社会福利差距明显。不难看出，在中国现有的社会保障制度下，中西部欠发达地区的农民收入来源单一、收入稳定性差、基础设施配套薄弱，使得欠发达地区的农民更需要社会保障，但对应的农村基本医疗、养老保险的发展水平却相对较低，保障力度很有限；相反，农户自保能力相对较强的东部发达地区，对应的保障水平却相对较高。鉴于地区间的社会保障差异，中西部地区农户自己所交的社保金额以及为寻求保障所交的其他商业保险总金额相对于东部地区而言所携带的信用评价信息更多，即中西部地区"保费支出"指标应该纳入农户信用评价体系，而对于东部地区农户信用评价该指标作用不大。

第四，教育投资的区域不平衡。地区间的发展水平差异使得不同地区间农村的教育不平等问题日渐凸显。一方面，农户的收入水平制约着农户的教育需求，落后地区衣食住行等基本生活需求问题还没有完全解决，自然不会在教育上对子女进行投资。加上不发达地区政府对教育的投入和关注度不足，更愿意将发展经济放在首要位置，没有为农户提供很好的接受教育的条件，导致不发达的中西部地区和东部地区的教育投资差距拉大。另一方面，教育本身就是一个风险大收益率小，回报时间较长的投资，而且中国各阶段最好的教育资源大多集中在东部地区，农户子女的升学率在东西部地区间存在着很大差异，直接导致了不发达的中西部地区农户对子女教育回报的预期较差，使得农户的教育投资积极性降低。地区间教育投资水平的差异，使得"教育培训支出"相比于中西部地区，仅对东部地区农户信用评价是一个相对重要的评价指标。"户主受教育程度"在东部地区表现出更多的差异性,给农户信用评价提供的信息更多。其实,教育支出在一定程度上可以反映农户的人力资本水平,对农户的还贷能力、信用水平是一个相对重要的评价指标,中西部地区农户由于主客观原因不愿意进行教育投资并不代表不愿意获取知识,"教育培训支出"与"户主受教育程度"反映不了的信用评价信息可以通过"获取知识的意愿"来反映。

第五,思想观念的差异。思想观念的差异是造成农户地区间信用评价指标不同的一个关键因素。思想观念的差异导致了不同地区农户的日常生活经济行为的差异,而且思想观念的差异往往与其他因素一起作用于农户,导致区域性差异的产生。在市场的冲击下,东部沿海地区农户相对于中西部地区农户而言,思想观念更开放,接受新的经济运行规则、文化的速度更快,观念更接近于城镇居民甚至比中西部地区城镇居民还要开放,"婚姻状况"对农户信用评价所提供的信息在东部地区要多于中西部地区。而中西部地区农户对于人情面子等传统文化习俗相对重视,更习惯于熟人社会中的关系型信用,社会道德准则的遵守与否与农户信用高度相关,如"是否系安全带"、"是否按指示灯走"。

通过第三章进行农户信用评价指标初选,然后运用相关性分析方法(MIC、MAC)进行农户信用评价指标过滤,再到第四章运用基于支持向量机变量选择的间隔影响分析法对初步建立的指标体系进行净化,最后得到了东、中、西部三个地区的农户信用评价指标体系,见表4-4。

东部地区、中部地区和西部地区之间包含农户信用评价信息的指标有着明显的差异,使得当前在中国构建一个完全统一的农户信用评价指标体系并不可行,另外,这种区域差异性也不便于对农户的信贷审核和监管,更不利于国家政策的实施、区域差距的缩小、和谐社会的构建。因此,通过扩大对外开放力度、平衡区域间扶持政策的差异、加强农村基础设施建设等来逐渐缩小农户信用水平地区间的差异也是我国当前需要解决的一个问题。

4.3 基于支持向量机变量选择的农户信用评价指标体系优化

表 4-4　　东、中、西部农户信用评价指标体系

序号	准则层	指标层	东部地区	中部地区	西部地区
1	家庭特征	家庭成员数	保留	保留	保留
2		户主性别	保留	保留	保留
3		户主受教育程度	保留	删除	删除
4		在本地是否大姓	保留	保留	保留
5		婚姻状况	保留	删除	删除
6		户主排行第几	保留	保留	保留
7		健康状况	保留	保留	保留
8		户主年龄	保留	保留	保留
9		老年人数占比	保留	保留	保留
10		少年人数占比	保留	保留	保留
11		家庭外出务工的人数	保留	删除	删除
12		幸福感	保留	保留	保留
13		劳动力数量	保留	删除	删除
14	还款意愿	开车是否系安全带	删除	保留	保留
15		是否按指示灯走	删除	保留	保留
16		有无违约记录	保留	保留	保留
17		银行欠款数额	保留	保留	保留
18		借款总额	删除	保留	删除
19		使用信用的年限	删除	删除	删除
20		有无银行外其他借贷	保留	保留	保留
21	还款能力	农业支出	保留	保留	保留
22		转移性支出	保留	保留	删除
23		家庭耕地面积	保留	保留	保留
24		食品支出	保留	保留	保留
25		保费支出	删除	保留	保留

续表

序号	准则层	指标层	东部地区	中部地区	西部地区
26	还款能力	工资收入	删除	删除	删除
27		流动资产	保留	删除	删除
28		总支出	删除	删除	删除
29		农业收入/全部收入	保留	删除	删除
30		支出收入比	删除	保留	保留
31		恩格尔系数	删除	删除	删除
32		获取信息的能力	删除	删除	删除
33		获取知识的意愿	删除	保留	保留
34		家庭年总收入	保留	保留	保留
35		教育培训支出	保留	删除	删除
36		固定资产	保留	保留	保留
37		借出款总额	保留	删除	保留
38		工商业收入	删除	删除	保留
39	宏观环境	地区 GDP 增长率	删除	保留	保留
40		居住地社会治安	保留	保留	保留
41		政府补贴	保留	删除	保留
42		距离市/县中心距离	删除	保留	删除
43	稳定性	从事现有项目的年限	保留	保留	保留
44		土地数量是否变更	保留	保留	保留
45		本年收入与上年收入比较	保留	保留	保留
46		收入增长与物价增长比较	保留	保留	保留
47	保障情况	家庭保障情况	保留	保留	保留
指标数合计			33	31	32

4.4 农户信用评价指标体系合理性的判定

我们知道,当一个评价只取一个数据时,这个评价指标所能提供的信息量是非常有限的,这一点在本书4.3节中分析东、中、西部地区构建的指标体系的差别时已经有所体现。当评价指标的变异性越大时,说明该指标能更好地"遍历"影响农户信用水平的各种情况,说明该指标包含的信息量越大,提供的信息越充分。主成分分析中的信息就是用标准差或方差来表示指标的变异性。本节借鉴该思路进行农户信用评价指标体系合理性判定的标准,使得指标体系可以用较少的指标来反映较多的评价信息。

设 ψ 为优化后的农户信用评价指标体系对初步建立的指标体系的信息贡献率;tr_1 表示进行优化后的指标体系所对应的数据的协方差矩阵的迹,即各指标的方差之和,设最终优化后的指标体系中包含 m 个指标;tr_0 表示初步建立的指标体系所对应的指标集的协方差矩阵的迹,即各指标的方差之和,设初选的指标体系中包含 p 个指标;根据累计方差贡献率公式,得到农户信用评价指标体系的信息贡献率为:

$$\psi = \frac{tr_1}{tr_0} = \frac{\sum_{i=1}^{m} \lambda_i}{\sum_{i=1}^{k} \lambda_i} \quad (4.24)$$

式(4.24)表示优化后的指标体系中 m 个指标方差之和与初选的 p 个指标的方差之和的比值,反映了优化后的指标体系对初选指标体系的代表能力。

本书在3.4节中对数据进行标准化处理时,选用的是保留了各指标变异程度信息的"均值化方法",所以可以直接利用标准化后的数据进行指标方差的计算。分别将东、中、西部优化后的指标体系中33、31、32个指标方差之和 tr_1 与初步建立的指标体系中47个指标的方差之和 tr_0 代入式(4.24)中,得到三个地区优化后的指标体系的信息贡献率,如下:

$$\psi_e = tr_{1_e}/tr_0 = 24.97944/27.28929 = 91.5357\%$$

$$\psi_m = tr_{1_m}/tr_0 = 21.90428/27.28929 = 80.26697\%$$

$$\psi_w = tr_{1_w}/tr_0 = 22.2010433/27.28929 = 81.35441\%$$

最后得到的优化指标体系中东部地区最后得到的 33 个指标可以反映 91.54%的信息，中部地区最后得到的 31 个指标可以反映 80.26%的信息，西部地区最后得到的 32 个指标可以反映 81.35%的信息，所以各地区优化后的指标体系基本是合理的。

4.5 农户信用评价指标体系的对比分析

4.5.1 农户信用评价指标体系与农户信贷特点的对应关系

本书 2.1.3 节和 3.2 节分析了农户信用的特点，农村社会是一个熟人社会，存在着土地依恋，随着经济社会的发展，旅游业、服务业的发展，农户生产方式发生了转变，进城务工人数日渐增长，越来越多的农户呈现出兼业的特点，农户的生活方式、价值观念也在潜移默化中开始转变。长期以来农户信用是基于血缘和地缘形成的熟人间的信任，是道德操守的扩展，表现为以家庭为核心，逐渐向外延伸的中国农村社会所特有的"圈层结构"；农村社会中的家族概念以及由此形成的圈层结构比个人在农村中更为重要，所以农村中许多经济社会活动实际上是以家庭为单位进行的，农户信用是家庭成员整体素质体现，有非常浓厚的家庭化特征；农户信用的外部特征较为明显，生产的特殊性农户收入具有不确定性，地区的经济发展对农户的偿债能力有显著的影响，同时农户抵抗风险能力也显著影响其还款能力；另外，目前中国的农村信用环境相对较差、农户信息采集困难、金融机构间信息流通不畅等，使得中国农户信贷还存在评价信息不健全的特点，例如：缺少农户还款意愿的有效信息、缺少农户抵抗风险能力信息、反映农户家庭财务的信息不健全。

鉴于此，本书在指标体系构建时紧密围绕中国农户信贷特点进行了指标选取，最终构建了不同区域的农户信用评价体系，具体对应关系见表4-5。

表4-5　农户信用评价指标体系与农户信贷特点的对应关系

序号	农户信贷特点	对应的信用评价指标
1	熟人社会信任关系的延伸	户主排行第几、在本地是否属大姓
2	社会活动合规度的扩展	是否系安全带、是否按指示灯走
3	家庭成员整体素质体现	获取知识的意愿、教育培训支出、老年人数占比、少年人数占比、劳动力数量、家庭外出务工的人数、婚姻状况、幸福感
4	收入的不确定性	从事现有项目年限、土地数量是否变更、本年收入与上年比较、收入增长与物价增长比较
5	外部特征明显	地区GDP增长率、居住地社会治安、政府补贴、距离市/县中心距离
6	缺少农户抵抗风险能力信息	保费支出、家庭保障情况
7	反映农户家庭财务的信息不健全	农业支出、农户家庭耕地面积、食品支出、固定资产、工商业收入、家庭年总收入
8	缺少农户还款意愿的有效信息	有无除银行外其他渠道借贷、有无违约记录、银行欠款数额

（1）通过户主排行第几、在本地是否属大姓等指标来体现农户在长期以来的熟人社会中建立的熟人间信用和家族概念。

（2）通过是否系安全带、是否按指示灯走等指标来体现农户在社会活动中的合规度。社会活动的合规度影响着社会秩序，反映了农户在社会活动中的价值取向和信用责任，也是现代法治社会中一个国家信用成熟度的象征[106]。

（3）通过获取知识的意愿、教育培训支出、老年人数占比、少年人数占比、劳动力数量、家庭外出务工的人数、婚姻状况、幸福感等指标从人力资本水平、主观幸福感、人口基本特征等角度全面反映家庭成员的整体素质，体现农户信用浓厚的家庭化特征。

（4）通过从事现有项目的年限、土地数量是否变更、本年收入与上年收入比较、收入增长与物价增长比较等指标来反映农户的收入不确定性。正因为农户收入的不确定性，使得地区经济发展程度、政府扶持力度、基础设施等外部环境对农户偿债能力有显著影响，农户自身的保障情况也反映了其在应对自然灾害、家人生病养老等方面的抗风险能力。所以通过地区GDP增长率、居住地社会治安、政府补贴、距市/县中心距离等指标来反映农户信贷的外部性；通过保费支出、家庭保障情况来反映农户信贷中的抗风险能力。

（5）通过农业支出、农户家庭耕地面积、食品支出、固定资产、工商业收入、家庭年总收入等指标来反映农户的家庭财务信息。农户信贷中面临着农户自身财务信息不健全的问题，同时农户自身有其独有的生活生产特点，在构建指标体系时不能照搬个人信用评价中的财务指标。

（6）通过有无除银行外其他渠道借贷、有无违约记录、欠银行数额等来反映农户的还款意愿。中国农村金融是典型的正规与非正规金融共存的二元金融，当农户有亲友借贷或者高利贷等非正规借贷时，受熟人社会中关系型信用的约束，往往会选择先归还非正规借贷。所以有无除银行外其他渠道借贷和违约记录、欠款数额共同反映着农户的还款意愿。

4.5.2 农户信用评价指标体系与5C信用评价准则的对应关系

5C信用评价准则是金融界普遍认可的准则，主要是通过品格、能力、资本实力、抵押、环境条件这五个方面来系统分析贷款对象的信用水平。

(1)品格(character)。品格指贷款对象的基本特征、品行等影响其履约可能性的指标。本书通过户主性别、户主年龄、户主排行第几、在本地是否属大姓、婚姻状况、健康状况、幸福感、是否系安全带、是否按指示灯走、有无违约记录等指标来反映农户的品格。

(2)能力(capacity)。能力指贷款对象的践约能力,可以根据其偿债记录、经营手段等进行评价。本书试图从多个角度评价农户的践约能力:通过家庭劳动力数量、外出务工人数、老年人口占比、少年人口占比等人口学特征来反映家庭的负担情况;通过户主教育程度、教育培训支出、获取知识的意愿等反映农户的人力资本水平、创新能力;通过本年收入与上年收入比较、收入增长与物价增长比较、家庭保障情况来反映农户的收入水平变动情况和抗风险能力。

(3)资本实力(capital)。资本实力指贷款对象的财务状况和财务实力、可能偿还债务的背景。本书通过固定资产、流动资产、农户家庭耕地面积、农业支出、农业收入/全部收入、支出收入比、借出款总额、工商业收入、转移性支出、食品支出等指标来反映农户的资本实力。

(4)抵押(collateral)。抵押指贷款对象用于抵押或担保的资产,用于贷款对象违约后的抵补。由于农户信贷缺少抵押的特点,同时,本书用于实证分析所采用的中国家庭金融调查数据中也没有涉及农户信贷的抵押担保信息,所以根据数据不可获得性对相关抵押指标的权重设置为0,这是本书的一个缺陷,也是目前国内研究农户信用评价需要完善的一个薄弱环节。本书在后续章节将试图寻找合理的农户贷款抵押替代方法,来减少金融机构不良贷款的产生。

(5)环境条件(condition)。环境条件指可能影响贷款对象还款能力及意愿的外部环境。经典的5C原则中condition通常只包括经济环境，本书对 condition 的定义进行了扩展，外部环境除经济环境外还包括社会治安等其他外部影响，前文通过实证分析也证实居住地治安等因素也会影响农户的信用水平。

不同地区的农户信用评价准则有一些区别，具体的对应关系如表 4-6 所示。

表 4-6　农户信用评价指标体系与 5C 信用评价准则的对应关系

序号	准则层	指标层	品格	能力	资本实力	外部环境
1	家庭特征	家庭成员数		☆△○		
2		户主性别	☆△○			
3		户主受教育程度		☆		
4		在本地是否大姓	☆△○			
5		婚姻状况	☆			
6		户主排行第几	☆△○			
7		健康状况	☆△○			
8		户主年龄	☆△○			
9		老年人数占比		☆△○		
10		少年人数占比		☆△○		
11		家庭外出务工人数		☆		
12		幸福感	☆△○			
13		劳动力数量		☆		
14	还款意愿	开车是否系安全带	△○			
15		是否按指示灯走	△○			
16		有无违约记录	☆△○			
17		银行欠款数额		☆△○		
18		借款总额		△		
19		有无银行外其他借贷		☆△○		

续表

序号	准则层	指标层	品格	能力	资本实力	外部环境
20	还款能力	农业支出			☆△○	
21		转移性支出			☆○	
22		家庭耕地面积			☆△○	
23		食品支出			☆△○	
24		保费支出		△○		
25		流动资产			☆	
26		农业收入/全部收入			☆	
27		支出收入比		△○		
28		获取知识的意愿		△○		
29		家庭年总收入			☆△○	
30		教育培训支出		☆		
31		固定资产			☆△○	
32		借出款总额		△○		
33		工商业收入			○	
34	宏观环境	地区GDP增长率				△○
35		居住地社会治安				☆△○
36		政府补贴				☆○
37		离市/县中心距离				△
38	稳定性	从事现有项目年限			☆△○	
39		土地数量是否变更			☆△○	
40		本年收入与上年比较		☆△○		
41		收入增长与物价增长比较		☆△○		
42	保障情况	家庭保障情况		☆△○		

注：表中☆代表东部地区农户信用评价指标体系中包含该指标，△表示中部地区评价指标体系中包含该指标，○表示西部地区评价指标体系中包含该指标。

4.5.3 农户信用评价指标体系与正规金融机构指标体系的对比

将本书所构建的农户信用评价指标体系与中国农业银行、中国邮政储蓄银行、某省农村信用社这三个开展农户小额信贷的正规金融机构所构建的农户信用评价指标体系进行对比分析,具体结果见表 4-7。

表 4-7 农户信用评价指标体系与正规金融机构指标体系对比

序号	准则层	指标层	中国农业银行	中国邮政储蓄	某省农信社
1	家庭特征	家庭成员数			
2		户主性别			※
3		户主受教育程度		※	※
4		在本地是否属大姓			
5		婚姻状况		※	※
6		健康状况			
7		户主年龄			
…		……	…	…	…
12		幸福感			
13		劳动力数量		※	
14	还款意愿	开车是否系安全带			
15		是否按指示灯走			
16		有无违约记录	※	※	※
…		……	…	…	….
19		有无除银行外其他借贷			※

续表

序号	准则层	指标层	中国农业银行	中国邮政储蓄	某省农信社
20	还款能力	农业支出			※
…		……	…	…	…
25		流动资产	※	※	※
26		农业收入/全部收入			
27		支出收入比			
28		获取知识的意愿			
29		家庭年总收入	※	※	
30		教育培训支出			
31		固定资产	※	※	※
…		……	…	…	…
34	宏观环境	地区GDP增长率			
35		居住地社会治安			
36		政府补贴			
37		距离市/县中心距离			
38	稳定性	从事现有项目的年限			
39		土地数量是否变更			
40		本年收入与上年收入比较			
41		收入增长与物价增长比较			
42	保障情况	家庭保障情况			※

注：表中※代表正规金融机构指标体系中包含该指标。

通过表4-7中与正规金融机构指标体系的对比可以得出如下结论。

（1）正规金融机构现有的指标体系并没有全面地反应农户的信

用特点，例如，关于农户稳定性的评价，三个机构均没有涉及。但是，结合当前我国农户收入不稳定、农业人口流动性大等特点，对稳定性的考察无疑是非常重要的一个方面。此外，结合 5C 评价原理并通过实证分析均证明外部环境对农户的信用水平有一定的影响，现有的评价中也没有涉及。本书所构建的指标体系可以在一定程度上弥补现有评价体系存在的短板。

（2）单独对比三个正规金融机构的农户信用评价体系可以发现：三个机构评价的侧重点各有差异，但也有很多重复的指标。如果能够构建一个农户信用信息共享平台，各机构间信息实现传递、共享、互补，一个农户只需进行一次信用信息采集便可在多个机构进行贷款申请，无疑可以大大降低农户信用信息的采集成本，也可以为农户提供更便捷的服务。

4.5.4 最终建立的农户信用评价指标体系的特色

本书构建的农户信用评价体系与现有的研究无论在指标选取上还是构建方法上都有一些区别，具体特色如下。

第一，在指标选取上，除了尽量囊括现有研究中针对农户进行信用评价常用的指标外，通过分析农户的信贷特点，还加入了"户主排行第几"、"在本地是否属大姓"、"幸福感"、"获取知识的意愿"、"居住地社会治安"、"家庭保障情况"等评价指标。农户信贷特点和指标的对应关系见表 4-5。

第二，最终建立的指标体系是通过两次指标筛选确定的。首先，运用可以判别非线性相关关系的 MIC 和 MAC 方法对信息冗余指标进行了删除。现有研究多采用仅考虑线性相关关系的皮尔逊相关系数（ρ）、偏相关系数、共线性检验等方法对信息冗余指标进行删除，忽略了指标间的非线性相关关系，没有全面反映评价指标的相关程度；其次，基于信用评价模型——SVM 构建原理进行了指标的第二次筛选，保证了评价模型的泛化能力。依据评价模型的构建原理进行农户信用评价指标筛选是现有研究构建农户信用评价指标体系不曾考虑的问题。

第三，分别对东、中、西部地区构建了农户信用评价体系。李延敏(2005)[30]、周宗安(2010)[31]、马晓青(2010)[32]等学者通过对中国农户信贷行为进行实证分析研究,均发现中国农户的信贷行为区域差异显著,但是现有农户信用评价并没有体现区域差异。根据中国农村当前发展的区域差异,对不同地区构建有差异的信用评价体系可以在一定程度上缓解不发达地区农户贷款难的问题。

4.6 本章小结

(1)中国农户的信用数据呈现不整齐、历史数据量小、非正态分布的特点,本书从中国家庭金融调查数据中筛选的农户信贷数据也呈现出同样的特点。基于此,本书介绍了在处理高纬度、小样本的数据上有优势的支持向量机模型的构建原理,为第五章构建农户信用评价模型提供理论基础。

(2)选用基于 SVM 最大间隔的原理的 MIA 对第三章中初步构建的包含 47 个指标的农户信用评价指标体系进行优化,按照农户信贷的区域性差异分东、中、西部地区分别构建了包含 33、31、32 个指标的农户信用评价指标体系。研究结果表明,最终构建的指标体系可以反映 80% 以上的的原始信息。完成了下文构建信用评价模型的前期准备工作——指标选择。

(3)对构建的农户信用评价指标体系与农户信贷特点以及金融界普遍认可的 5C 准则进行了对比分析,证实本书构建的农户信用评价指标体系可以体现中国农户的信贷特点,同时也基本符合 5C 准则。

第5章 基于支持向量机的农户信用评价模型构建

根据已有的针对农户信用评价的研究，农户信用评价模型基本都在衡量贷款是否违约，或者违约概率。但其实，无论哪个衡量标准，都没有全面地对农户信用水平进行测算，不能从根本上解决涉农贷款不良贷款率高的问题。因此，本章基于支持向量机构建原理，借鉴沈翠华(2005)[147]对个人信贷评估的研究，从是否违约、违约概率、违约损失率这三个维度对农户信用进行了全面系统的评价，构建了基于支持向量机模型的农户信用评价方法，给金融机构审核农户贷款提供一个较全面的依据，从而有效降低金融机构涉农贷款的不良贷款率，提高金融机构涉农贷款的的信用风险管理水平。

5.1 基于支持向量分类模型的农户信贷违约判别模型

5.1.1 代价敏感的支持向量分类模型原理

本书第4章第一节中详细阐述了支持向量机原理，对第i个训练点(x_i, y_i)引入松弛变量(slack variable) $\xi_i \geqslant 0$, $i = 1, \cdots, l$，来反映此训练样本允许被错分的程度，之后，引入了惩罚系数C，表示对错误分类的惩罚，用来平衡模型的训练误差和泛化能力。通常情况下，假定无论样本被错分为哪一类，所受到的惩罚是相等的。

但在现实经济运行中，对违约判别问题的分析，"违约"、"不

违约"的判错使得金融机构付出的代价显然是不同的。因为,将"不违约"类(+1类)错判为"违约"类(-1类)所带来的信用风险会低于将"违约"类(-1类)错判为"不违约"类(+1类)的信用风险。也就是说,对于违约判别问题,样本被错分为哪一类,所付出的代价肯定是不相等的,假设把实际"违约"类样本错分为"不违约"类付出的代价为$C(+|-)$,把实际"不违约"类样本错分为"违约"类的代价为$C(-|+)$,根据实际情况,两种错判情况的代价应该满足$C(+|-) > C(-|+)$。

借鉴统计学中假设检验的原理,我们需要判别贷款客户是否"违约",因此设原假设H_0:样本违约;H_1:样本不违约。设犯第一类错误的概率为α,即"违约"样本错判的概率;犯第二类错误的概率为β,即"不违约"样本错判的概率。如果犯第一类错误的概率α较高,就意味着采用该模型进行贷款审核时比较宽松,金融机构会暴露信用风险[147]。如果犯第二类错误的概率β较高,则贷款审核太严格,使得一些信用较好的农户也不易获得贷款,同时会流失一些信用较好的客户,不利于中国对农村建设、农户扶助等进行资金支持。

设给定训练集$T = \{(x_1, y_1), (x_2, y_2), \cdots, (x_l, y_l)\}$,其中,$x_i \in R^n$,$x_i$具有类标签$y_i$,$y = \{y_1, y_2, \cdots, y_l\} \in \{-1, +1\}$对应{违约,不违约}两类问题。鉴于现实经济运行中的数据多为线性不可分,以下内容只考虑线性不可分数据利用支持向量机进行判别的情况。根据第四章第一节的内容,通过一个非线性映射$\phi(\cdot)$将原始数据映射到高维空间,将原始维度的非线性问题简化为高维空间的线性问题。通过非线性映射得到高维数据集T'。

$$T' = \{(\phi(x_1), y_1), (\phi(x_2), y_2), \cdots, (\phi(x_l), y_l)\} \quad (5.1)$$

考虑到在违约判别中两类样本点被错分时所付出的代价不一样,因此,两类样本点错分的惩罚系数设置应该不同,如前文所述,对错判代价大的样本点设置较大的惩罚系数C_-,错判代价小的样本点设置较小的惩罚系数C_+,用两个不同大小的参数来均衡支持向量机的泛化能力和训练精度。相应的原始优化问题为:

$$\begin{cases} \min \dfrac{1}{2} \| w \|^2 + C_- \sum_{y_i=-1} \xi_i + C_+ \sum_{y_i=+1} \xi_i \\ \text{s.t.} \sum_{i=1}^{l} y_i [w \cdot \phi(x_i) + b] \geq 1 - \xi_i, \xi_i \geq 0 \end{cases} \quad (5.2)$$

上述优化问题转化为其对偶问题为：

$$\begin{cases} \min_{\alpha} \dfrac{1}{2} \sum_{i,j=1}^{l} \alpha_i \alpha_j y_i y_j (\phi(x_i) \cdot \phi(x_j)) - \sum_{i=1}^{l} \alpha_i \\ \text{s.t.} \quad \sum_{i=1}^{l} y_i \alpha_i = 0, \ i=1,\cdots,l, \\ \qquad 0 \leq \alpha_i \leq C_+, \ \forall i: y_i = +1 \\ \qquad 0 \leq \alpha_i \leq C_-, \ \forall i: y_i = -1 \end{cases} \quad (5.3)$$

通过计算，最后得到分类判别函数式(5.4)，如下：

$$y = \text{sgn}(w^* \cdot \phi(x) + b^*) = \text{sgn}(\sum_{i=1}^{l} y_i \alpha_i (\phi(x_i) \cdot \phi(x)) + b^*) \quad (5.4)$$

其中，w^*、b^*均为式(5.2)的解，b^*的计算式子如下：

$$b^* = y_i - \sum_{i=1}^{l} y_i \alpha_i^* (\phi(x_i) \cdot \phi(x_j)) \quad (5.5)$$

对预测样本使用式(5.4)进行分类判别，规则如下：

$$\begin{cases} y = \text{sgn}(w^* \cdot \phi(x) + b^*) = -1，预测样本违约 \\ y = \text{sgn}(w^* \cdot \phi(x) + b^*) = +1，预测样本不违约 \end{cases} \quad (5.6)$$

5.1.2 惩罚系数选择

对于只有一个惩罚系数的支持向量机模型，主要是利用总的分类错误率来选择最优的惩罚参数的。前文中为了表示对错误分类的不同惩罚，引入了两个惩罚系数C_-、C_+来平衡模型的训练误差和泛化能力，所以对于不同损失的支持向量农户违约判别模型来说，惩罚参数的确定是要基于两类错误率而不是模型总的错误判别率。

（1）混淆矩阵(Confusion Matrix)

5.1 基于支持向量分类模型的农户信贷违约判别模型

混淆矩阵可以用来比较分类模型测试集中样本点的实际类别与预测类别的情况，由混淆矩阵可以计算出模型的错误判别率。违约判别的二分类问题混淆矩阵如表 5-1 所示。

表 5-1　　　　　　　　二分类问题的混淆矩阵

实际的类＼预测的类	+1	-1	合计
+1	True positive(TP)	False negative(FN)	P
-1	False positive(FP)	True negative(TN)	N
合计	P'	N'	$P+N$

错误率是指分类器错误分类的数据占总数据的百分比。一般通过已经训练好的分类器来对测试集数据进行预测，用预测集总的错误率来评价该分类器的性能。利用表 5-1 混淆矩阵中的数据可以计算得到一个分类器总的错误率，计算公式如下：

$$error\ rate = \frac{FP + FN}{TP + TN + FP + FN} = \frac{FP + FN}{P + N} \quad (5.7)$$

按照前文所述，定义"违约"样本错判的概率为 α，"不违约"样本错判的概率为 β。根据混淆矩阵得到两类错误率 α、β 的计算公式：

$$\alpha = \frac{FP}{TN+FP} = \frac{FP}{N} \quad (5.8)$$

$$\beta = \frac{FN}{TP+FN} = \frac{FN}{P} \quad (5.9)$$

由式(5.8)、式(5.9)可以得到分类器的错误率与两种错判的概率存在如下关系：

$$error\ rate = \frac{P}{P+N} \times \beta + \frac{N}{P+N} \times \alpha \quad (5.10)$$

（2）代价矩阵(Cost Matrix)

代价矩阵中的各项表示不同的错分所需要付出的代价，违约判别二分类问题的代价矩阵如表 5-2 所示。

表 5-2　　　　　　　　　违约判别的代价矩阵

	预测的类		
实际的类	$C(i\mid j)$	Class = +1	Class = -1
	Class = +1	$C(+\mid +)=0$	$C(-\mid +)$
	Class = -1	$C(-\mid +)$	$C(-\mid -)=0$

在本书中，只考虑两种错分的代价，即 $C(-\mid +)$ 和 $C(+\mid -)$。

(3) 期望损失函数

判断一个分类模型分类效果好坏的标准一般是用该模型对测试集的分类准确率来衡量。但对于违约判别模型，不光需要考虑分类准确率，更重要的是需要得到在测试集上分类期望损失最小的分类器。在二分类问题中，期望损失函数(EC)的定义如下：

$$\mathrm{EC} = p_- \cdot C(+\mid -) \cdot \alpha + p_+ \cdot C(-\mid +) \cdot \beta \tag{5.11}$$

其中，α、β 可由混乱矩阵计算得到，分别为两类错判率；p_- 为测试集中"违约"（"-1"类）样本点所占的比例，p_+ 为测试集中"不违约"（"+1"类）样本点所占的比例；$C(-\mid +)$ 和 $C(+\mid -)$ 表示不同的错分所需要付出的代价，通常情况下是未知的。

由表 5-1 可知，p_-、p_+ 可以通过计算得到，$C(-\mid +)$、$C(+\mid -)$ 值一般由相关领域的专家确定。在 p_-、p_+、$C(-\mid +)$、$C(+\mid -)$ 都已知的情况下，期望损失函数(EC)仅是第一类错误率 α 和第二类错误率 β 的线性组合，而不是关于模型总的分类错误率的函数。α、β 的值随着惩罚系数的设置发生改变，即选择不同的惩罚系数 C_+、C_-，会得到不同的判别效果。也就是说，损失函数 EC 的值依赖于 C_+、C_-。反过来，当损失函数的值取最小时所确定的 C_+、C_- 就是最优的惩罚系数，即最优的惩罚系数的选择可以通过最小化损失函数来确定。在违约判别问题中设定 $C_- > C_+$，如果 C_-/C_+ 越大，意味着"违约"错判的惩罚比"不违约"错判的惩罚要大很多，更多的"违约"类样本点被正确预测，第一类错误率 α 减少，第二类错误率增加；如果 C_-/C_+ 越小，意味着"不违约"错判的惩罚比"违约"错判的惩罚要大很多，更多的"不违约"类样本点被正确预测,第二类错误率 β 减少,第一类错误率增加。

在处理实际问题时,一般 $C(-|+)$ 和 $C(+|-)$ 两种错分代价是未知的。所以,为使损失函数最小,也就是要 α、β 同时达到最小。但是,当样本量固定时,两类错误率之间存在负相关关系,不可能同时减小,一个的减小总是以另一个的提高为代价。现将问题转换为考虑两类正确率同时达到最大的情况,即转变为数据挖掘中的灵敏性(sensitivity)和特效性(specificity),见式(5.12)和式(5.13)。然后采用 F 度量[148]对两类正确率进行折中,即求两类正确率的调和均值,见式(5.14)。当 F 度量值最大时对应的惩罚参数为所要寻求的最优惩罚参数。

$$\text{sensitivity} = 1 - \beta = \frac{TP}{P} \tag{5.12}$$

$$\text{specificity} = 1 - \alpha = \frac{TN}{N} \tag{5.13}$$

$$F = \frac{2}{\frac{1}{\text{sensitivity}} + \frac{1}{\text{specificity}}} = \frac{2}{\frac{1}{1-\alpha} + \frac{1}{1-\beta}}$$

$$= \frac{2(1 + \alpha \times \beta - \alpha - \beta)}{2 - (\alpha + \beta)} \tag{5.14}$$

综上所述,选择最优惩罚系数的步骤如下。

第一步,选取适当的核函数 $K(x_i, x_j) = \phi(x_i) \cdot \phi(x_j)$,固定 $C_+ = 1$(因为我们更想控制的是违约的错判率,所以将不违约的样本错判的惩罚设为1,暂时不去研究),采用 Carlisle(2001)[149]设定参数范围的方法,设定 $C_- \in [1, \text{sizeRation} \times 10]$,其中 sizeRation 为"+1"类和"-1"类样本的比值。

第二步,根据核函数和惩罚系数,求解最优化问题,根据式(5.2),得到支持向量机决策函数 $f(x) = \text{sgn}(\sum_{i=1}^{l} y_i \alpha_i (\phi(x_i) \cdot \phi(x)) + b^*)$;

第三步,根据式(5.8)、式(5.9)求得在测试集上的两类错误率 α、β;

第四步，根据式(5.14)计算 F；

第五步，在 C_- 的范围内搜寻最大的 F，此时的 C_- 为最优惩罚参数。

5.1.3 农户信贷违约判别的实证研究

按照人民银行《贷款通则》中的规定，如果借贷者有以下几种情形之一，就可以认定为违约：不能按期归还贷款本息；提供虚假文件，造成贷款损失或可能损失；没有经过放贷机构的准许，擅自将抵押财产等重复抵押或者转让、出售等；擅自更改贷款用途；拒绝或者阻挠放贷机构对贷款使用情况等进行监督检查；与其他经济组织或法人签订了有损放贷机构权益的协议；贷款保证人丧失承担连带责任的能力或者违反保证合同等。

本书利用中国家庭金融调查(CHFS)中农户借贷的相关数据，依据《贷款通则》中关于违约判别的第一条规定，不能按期归还贷款本息，来判别农户的贷款违约情况。如果问卷中农户超过了贷款规定的还款期限仍然有欠款未还，则认为存在违约行为。

按照东、中、西部地区分别对农户违约判别进行建模分析，三个地区的样本量见表4-1，分别从中随机抽取66%的样本作为训练集，剩余样本作为测试集，留作评价模型预测能力。具体抽样情况见表5-3。

表5-3　　　　　东、中、西部地区农户抽样情况

样本量	训练集			测试集			合计
	违约(-1)	不违约(+1)	合计	违约(-1)	不违约(+1)	合计	
东部地区	23	124	147	12	64	76	223
中部地区	29	41	70	15	21	36	106
西部地区	66	65	131	34	33	67	198
合计	118	230	348	61	118	179	527

为了得到最优的惩罚系数值，按照本书 5.1.2 节中选择最优惩罚系数的原理，首先将不违约样本错判为违约的惩罚系数设置为 1，即固定 $C_+ = 1$，暂时不去研究。核函数取高斯径向基核，参见式(4.17)。其中核参数 σ^2 的取值运用网格法进行参数寻优来设定，根据表 4-2 可知，东部地区农户信用相关数据对应的核参数为 0.0625，中部、西部地区农户信用相关数据核参数均为 0.0313。分别设置不同的 C_- 来构建不同的支持向量分类模型，得到犯两类错误的概率 α、β，然后根据式(5.14)计算 F 值。相关计算结果以及对应得 F 值见表 5-4。

表 5-4　　　　　惩罚参数 C_- 的选择结果

地区	C_-	总正确率	TP	FP	TN	FN	α	β	F
东部地区	1.00	84.2150%	64	12	0	0	1.0000	0.0000	0.0000
	1.10	85.5263%	64	11	1	0	0.9167	0.0000	0.1538
	1.50	86.8421%	64	10	2	0	0.8333	0.0000	0.2857
	2.00	90.7895%	64	7	5	0	0.5833	0.0000	0.5882
	2.50	92.1053%	64	6	6	0	0.5000	0.0000	0.6667
	3.00	92.1053%	62	4	8	2	0.3333	0.0313	0.7898
	3.80	93.4211%	62	2	10	2	0.1667	0.0313	0.8960
	3.90	94.7368%	62	2	10	2	0.1667	0.0313	0.8960
	4.00	96.0526%	62	1	11	2	0.0833	0.0313	0.9420
	4.05	**96.0526%**	**61**	**0**	**12**	**3**	**0.0000**	**0.0469**	**0.9760**
	4.10	94.7368%	60	0	12	4	0.0000	0.0625	0.9677
	4.20	94.7368%	60	0	12	4	0.0000	0.0625	0.9677
	4.50	93.4211%	59	0	12	5	0.0000	0.0781	0.9593
	5.00	92.1053%	58	0	12	6	0.0000	0.0938	0.9508
	5.40	90.7895%	57	0	12	7	0.0000	0.3333	0.8000

续表

地区	C_-	总正确率	TP	FP	TN	FN	α	β	F
中部地区	1.00	61.1111%	21	14	1	0	0.9333	0.0000	0.1250
	1.10	63.8889%	20	12	3	1	0.8000	0.0476	0.3306
	1.15	69.4444%	19	9	6	2	0.6000	0.0952	0.5547
	1.19	77.7778%	18	5	10	3	0.3333	0.1429	0.7500
	1.20	**77.7778%**	**17**	**4**	**11**	**4**	**0.2667**	**0.1905**	**0.7695**
	1.21	75.0000%	15	3	12	6	0.2000	0.2857	0.7547
	1.25	75.0000%	14	2	13	7	0.1333	0.3333	0.7536
	1.30	75.0000%	13	1	14	8	0.0667	0.3810	0.7444
	1.40	69.4444%	12	2	13	9	0.1333	0.4286	0.6887
	1.50	69.4444%	11	1	14	10	0.0667	0.4762	0.6710
西部地区	1.00	65.6716%	19	9	25	14	0.2647	0.4242	0.6458
	1.02	67.1642%	19	8	26	14	0.2353	0.4242	0.6569
	1.10	68.6567%	18	6	28	15	0.1765	0.4545	0.6563
	1.15	**73.1343%**	**18**	**3**	**31**	**15**	**0.0882**	**0.4545**	**0.6826**
	1.16	71.6418%	17	3	31	16	0.0882	0.4848	0.6583
	1.20	70.1493%	15	2	32	18	0.0588	0.5455	0.6130
	1.30	70.1493%	14	1	33	19	0.0294	0.5758	0.5904
	1.50	68.6567%	12	0	34	21	0.0000	0.6364	0.5333
	2.00	61.1940%	7	0	34	26	0.0000	0.7879	0.3500

从表 5-4 中可以看出，随着惩罚参数 C_- 的增加，预测集中的样本被预测为"-1"类（违约类）的个数在逐渐增加，而预测集中的样本被预测为"+1"类（不违约类）的个数在逐渐减小。同时，F 值也随着惩罚参数 C_- 的增加而增大。对东部地区而言，当 C_- 从 1.00 增加为 4.05 时，F 值达到最大，然后随着 C_- 的增加开始逐渐减小。对中部地区而言，当 C_- 从 1.00 增加为 1.20 时，F 值达到最大，然后随着 C_- 的增加开始逐渐减小。对于西部地区而言，当 C_- 从 1.00 增加为 1.15 时，F 值达到最大，然后随着 C_- 的增加

开始逐渐减小。

同时，可以看到三个地区模型的总正确率也随着 C_- 的增大呈现先增加后减小的变化趋势。东部地区模型最大的正确率为 96.0526%，在 $C_-=4.00$ 和 $C_-=4.05$ 时均达到最大；中部地区模型最大的正确率为 77.7778%，在 $C_-=1.19$ 和 $C_-=1.20$ 时均达到最大；西部地区模型最大的正确率为 73.1343%，在 $C_-=1.15$ 时达到最大。模型的总正确率考察的是模型对预测集中两类样本判别情况的总正确率，所以，虽然选择不同的参数值得到的两类错误率不同，但最后综合得到的总正确率可能是相同的。

从表 5-4 中可以看到，具有相同正确率的模型对应的 F 值是有差异的，或者说同样的正确率下，模型错判带来的期望损失大小是有差异的。所以，对于错判代价不同的二分类问题，例如违约判别问题，"违约"和"不违约"样本如果分类错误，给贷款机构带来的损失是不同的，在这种情况下不能仅仅依靠模型的整体正确率来衡量信用评价模型的分类性能，仅依靠模型的整体正确率来选择信用评价模型是不妥当的。

本书固定"不违约"样本错判为"违约"的惩罚系数 C_+ 取值为 1.00，如果"违约"样本错判为"不违约"的惩罚系数 C_- 也取 1.00，则代价敏感的支持向量分类模型转变为一般的支持向量分类模型。表 5-4 中每一个地区的第一行数据对应的惩罚系数 C_- 取值为 1.00，其实构建的便是一般支持向量分类模型，可以看出无论是模型的总正确率还是 F 度量，代价敏感的支持向量分类模型的性能均好于一般支持向量分类模型。

为了更好地体现代价敏感支持向量分类模型在违约判别问题中的优良性能，本书用相同的数据对代价敏感的支持向量分类模型（CV-SVC）与一般的支持向量分类模型（SVC）、Logistic 回归模型、贝叶斯网络（BayesNet）、决策树（本书选用 weka7-9-11 软件中的 J78 算法）、随机森林（RandomForest）进行了比较，结果见表 5-5。

从表 5-5 中可以看出，这六种信用评价中比较常用的分类模型，从总正确率来看，两种支持向量分类方法正确率要比其他方法高，其中本书构建的 CV-SVC 模型的总正确率又高于 SVC。从"违约"样本错判为"不违约"的概率 α 以及 F 度量上可以看到,SVC 模型和其他几种方法相比没有任何优势,但 CV-SVC 的优势很明显,可以得到最低的第一类错判率 α 和最大的 F 值。因此,将代价敏感的支持向量分类模型用于农户信用评价中的违约判别,可以得到较好的判别效果。

表 5-5　　几种信用评价模型的判别能力比较

地区	模型	总正确率	TP	FP	TN	FN	α	β	F
东部地区	C-SVC	84.2150%	64	12	0	0	1.0000	0.0000	0.0000
	CV-SVC	**96.0526%**	**61**	**0**	**12**	**3**	**0.0000**	**0.0469**	**0.9760**
	Logistic回归模型	77.6316%	57	10	2	7	0.8906	0.1667	0.1934
	BayesNet	84.2105%	64	12	0	0	1.0000	0.0000	0.0000
	J48	81.5789%	61	11	1	3	0.9531	0.0833	0.0892
	RandomForest	81.5789%	62	12	0	2	0.9688	0.0000	0.0606
中部地区	C-SVC	61.1111%	21	14	1	0	0.9333	0.0000	0.1250
	CV-SVC	**77.7778%**	**17**	**4**	**11**	**4**	**0.2667**	**0.1905**	**0.7695**
	Logistic回归模型	55.5565%	13	8	7	8	0.5333	0.3810	0.5322
	BayesNet	63.8889%	13	5	10	8	0.3333	0.3810	0.6420
	J48	52.7778%	12	8	7	9	0.5333	0.4286	0.5138
	RandomForest	61.1111%	15	8	7	6	0.5333	0.2857	0.5645
西部地区	C-SVC	65.6716%	19	9	25	14	0.2647	0.4242	0.6458
	CV-SVC	**73.1343%**	**18**	**3**	**31**	**15**	**0.0882**	**0.4545**	**0.6826**
	Logistic回归模型	62.6866%	20	12	22	13	0.3529	0.3939	0.6259
	BayesNet	64.1791%	17	8	26	16	0.2353	0.4848	0.6156
	J48	50.7463%	15	15	19	18	0.4412	0.5455	0.5013
	RandomForest	56.7164%	19	15	19	14	0.4412	0.4242	0.5672

最终，利用 CV-SVC 分地区构建的农户信用评价模型如下。

对于东部地区，$C_+ = 1.00$，$C_- = 4.05$，$\sigma^2 = 0.0625$，模型的违约判别能力为 96.0526%，对应拉格朗日乘子 α 为：$\alpha = [1, 4.05, 1, 4.05, 0.3649, \cdots, 0.8378]$，对应的参数 b 为：$b = -0.7209$，代入式(5.4)中，得到东部地区农户信用违约判别模型如下：

$$f(x) = \text{sgn}\Big(\sum_{i=1}^{l} y_i \alpha_i (\phi(x_i) \cdot \phi(x)) + b^*\Big)$$
$$\triangleq \text{sgn}\Big\{ [1, -1, 1, -1, 1, \cdots, 1]$$
$$[1, 4.05, 1, 4.05, 0.3649, \cdots, 0.8378]$$
$$\times \sum_{i=1}^{147} \exp\Big(-\frac{\|x - x_i\|^2}{2 \times 0.0625}\Big) - 0.7209 \Big\}$$

对于中部地区，$C_+ = 1.00$，$C_- = 1.20$，$\sigma^2 = 0.0313$，模型的违约判别能力为 77.7778%，对应的拉格朗日乘子 α 为：$\alpha = [0.6441, 0.2527, 1, 1, 0, \cdots, 1.2]$，对应的参数 b 为：$b = 0.1964$，代入式(5.4)中，得到中部地区农户信用违约判别模型如下：

$$f(x) = \text{sgn}\Big(\sum_{i=1}^{l} y_i \alpha_i (\phi(x_i) \cdot \phi(x)) + b^*\Big)$$
$$\triangleq \text{sgn}\Big\{ [1, 1, 1, 1, 1, \cdots, -1]$$
$$[0.6441, 0.2527, 1, 1, 0, \cdots, 1.2]$$
$$\times \sum_{i=1}^{70} \exp\Big(-\frac{\|x - x_i\|^2}{2 \times 0.0313}\Big) + 0.1964 \Big\}$$

对于西部地区，$C_+ = 1.00$，$C_- = 1.15$，$\sigma^2 = 0.0313$，模型的违约判别能力为 73.1343%，对应的拉格朗日乘子 α 为：$\alpha = [1, 0, 1, \cdots, 0.7178, \cdots, 0.7189, 0]$，对应的参数 b 为：$b = -0.2821$，代入式(5.4)中，得到西部地区农户信用违约判别模型如下：

$$f(x) = \text{sgn}\Big(\sum_{i=1}^{l} y_i \alpha_i (\phi(x_i) \cdot \phi(x)) + b^*\Big)$$
$$\triangleq \text{sgn}\Big\{ [1, -1, 1, \cdots, 1, \cdots, -1, 1]$$

$$[1, 0, 1, \cdots, 0.7178, \cdots, 0.7189, 0]$$
$$\times \sum_{i=1}^{131} \exp\left(-\frac{\|x-x_i\|^2}{2\times 0.0313}\right) - 0.2821\bigg\}$$

运用构建的支持向量分类模型对预测集中农户违约状态进行判别的结果见表 5-7 中倒数第 3 列，由于篇幅所限，本书仅列出了部分测试集样本的预测结果。

5.2 基于代价敏感支持向量分类模型的农户信贷违约概率计算模型

2006 年年底由巴塞尔银行委员会制定并开始执行的《巴塞尔新资本协议》的核心内容是将内部评级法（Internal Ratings Based Approach，IRB）用于资本监管来达到全面的风险管理目的。内部评级法也是缓解经济运行中信息不对称的一个重要途径。实施内部评级法必须准确估计的关键要素是违约概率（probability of default，PD）。违约概率，是指借款人在未来一定时期内不能按照贷款合同的要求履行偿还贷款本息以及其他相关义务的可能性。

本书 5.1 节中运用支持向量机方法构建的分类模型可以对农户"违约与否"进行判别，但是还需要对违约农户的违约概率进行区分，因为同样是违约的农户，其违约的可能性也是有差别的。近些年，国内外很多研究中，大多通过违约损失或者打分法对信用评价对象的信用等级进行划分，没有直接关注违约概率，从而使得金融机构的不良贷款率一直居高不下。

有关违约概率的研究，主要是基于分类方法的违约率预测。目前国际金融界和学术界视为主流的方法，也是最有效的方法是：首先针对已经发生违约的借贷者和正常借贷者的基本情况总结出分类规则，构建违约非违约分类模型，然后预测新样本。较常用的方法有：Logist 模型、聚类分析、神经网络、支持向量机方法等。鉴于支持向量机模型针对小样本构建的分类模型相比于 Logist 模型精度更高，能够更好地进行信用风险评级[123,150]，而且有更好的泛化能力，所以本书构建了基于支持向量机的农户违约概率计算模型。

5.2.1　支持向量机的概率输出

从形式上看,支持向量机分类模型可以写成 $y = \text{sgn}(f(x))$ 的形式,是由两部分组成的,一部分是外层的返回函数 $\text{sgn}(\cdot)$,如果括号内的数值大于 0,则返回一个 1 值,即 $\text{sgn}(\cdot) = 1$;如果括号内的数值等于 0,则 $\text{sgn}(\cdot) = 0$;如果括号内的数值小于 0,则 $\text{sgn}(\cdot) = -1$。另一部分是内层函数 $f(x)$,参见式(5.15)。内层函数 $f(x)$ 通过对测试集中样本点的计算,对每一个样本点给出一个对应函数值,这个值可以在一定程度上反映样本点属于"+1"类还是"-1"类的概率,也就是本书中所说的违约概率。但是,在本书 5.1 节中我们已经分析过了对农户进行信用评价是一个代价敏感的问题,所以内层函数的值并不能直接简单地表示为概率值,还需要进行一定的转换。

设给定训练集 $T = \{(x_1, y_1), (x_2, y_2), \cdots, (x_l, y_l)\}$,其中,$x_i \in R^n$,$x_i$ 具有类标签 y_i,$y = \{y_1, y_2, \cdots, y_l\} \in \{-1, +1\}$ 对应{违约,不违约}两类问题。可以求得内层函数:

$$f(x) = w^* \cdot \phi(x) + b^* = \sum_{i=1}^{l} y_i \alpha_i (\phi(x_i) \cdot \phi(x)) + b^*$$
$$= \sum_{i=1}^{l} y_i \alpha_i (K(x_i, x) + b^* \quad (5.15)$$

现在需要找到一种映射关系,将 $f(x)$ 函数值转变为违约概率,即 $P(Y=-1|x)$。现有的研究中,映射关系的寻找通常有两种方法:非参数估计方法和参数估计方法。非参数估计方法一般用在映射函数未知的情况下进行后验概率的估计,常用的方法是 Bining 方法[151]。参数估计方法主要是通过一个 sigmoid 函数作为映射,来把支持向量机的输出 $f(x)$ 映射到一个[0,1]区间,从而实现支持向量机模型的概率输出。Bining 方法不适用于不平衡数据集或者样本量较小的数据集,对于本书的农户违约概率估计,选用 Platt (2000)提出的包含两个参数的 Sigmoid 函数作为映射关系来近似表示后验概率,输出形式如下[152]:

$$\Pr(y=+1|x) \approx P_{A,B}(f) \equiv \frac{1}{1+e^{Af+B}} \quad (5.16)$$

$$\Pr(y=-1\mid x) = 1 - \Pr(y=+1\mid x) = \frac{e^{Af+B}}{1+e^{Af+B}} \quad (5.17)$$

为了方便将 f_i 表示为支持向量机内层函数 $f(x_i)$ 的输出值。训练集 T 中，违约类的样本数表示为 N_-，不违约类样本数为 N_+，为了避免小数据集使用 Sigmoid 时出现过拟合现象，因此在原始数据中加入高斯噪声。重新定义一组训练样本 (f_i, t_i)，其中：

$$t_i = \begin{cases} \dfrac{N_+ + 1}{N_+ + 2}; & y_i = +1 \\ \dfrac{1}{N_- + 2}; & y_i = -1 \end{cases} \quad (5.18)$$

对于式(5.16)、式(5.17)中的两个参数 A 和 B，可以通过最小交叉熵误差函数(cross entropy error function)进行求解，即：

$$\begin{aligned}\min_{z=(A,B)} F(z) &= -\sum_{i=1}^{l}\left(t_i\log(p_i) + (1-t_i)\log(1-p_i)\right) \\ p_i &= P_{A,B}(f_i), \quad i=1,\cdots,l\end{aligned} \quad (5.19)$$

对式(5.19)的求解，可以运用具有逆向线性搜索特点的牛顿迭代方法[153]，将式(5.19)转换为：

$$H(z) = \nabla^2 F(z) \quad (5.20)$$

其中：

$$H(z) = \begin{bmatrix} \sum_{i=1}^{l} f_i^2 p_i(1-p_i) & \sum_{i=1}^{l} f_i p_i(1-p_i) \\ \sum_{i=1}^{l} f_i p_i(1-p_i) & \sum_{i=1}^{l} p_i(1-p_i) \end{bmatrix},$$

$$\nabla F(z) = \begin{bmatrix} \sum_{i=1}^{l} f_i(t_i - p_i) \\ \sum_{i=1}^{l} (t_i - p_i) \end{bmatrix}$$

根据式(5.20)，可以求得最优参数的设置 $z^* = (A^*, B^*)$。

5.2.2 代价敏感支持向量分类模型的概率输出

本书 5.2.1 节中叙述了支持向量机的概率输出原理，代价敏感的支持向量机概率输出也是利用该原理，只不过将内层函数变成代价敏感的支持向量机。代价敏感的支持向量机概率输出主要有三大步骤。

第一步，给定训练集 $T = \{(x_1, y_1), (x_2, y_2), \cdots, (x_l, y_l)\}$，其中，$x_i \in R^n$，$x_i$ 具有类标签 y_i，$y = \{y_1, y_2, \cdots, y_l\} \in \{-1, +1\}$ 对应{违约，不违约}两类问题。利用本书 5.1 节中代价敏感的支持向量机构建原理，求得内层函数 $f(x)$。

第二步，求解每一个数据点所对应的函数值 f_i，并求出训练集中两类样本的对应计数 N_-、N_+，构建最小交叉熵误差函数求得 Sigmoid 函数中包含的两个参数的最优取值 $z^* = (A^*, B^*)$。

第三步，将第二步中的最优参数 $z^* = (A^*, B^*)$ 代入 Sigmoid 映射函数中的式(5.16)式、式(5.17)，对任意一个测试样本点 x，得到概率输出：

$$\begin{cases} \Pr(y = +1 \mid x) = \dfrac{1}{1 + e^{A^* f + B^*}} \\ \Pr(y = -1 \mid x) = \dfrac{e^{A^* f + B^*}}{1 + e^{A^* f + B^*}} \end{cases} \quad (5.21)$$

5.2.3 农户信贷非违约概率计算的实证分析

利用 Libsvm 3.20 软件包进行农户信贷违约概率的实证分析，参数选择及构建的代价敏感支持向量机模型同本书 5.1.3 节，对三个地区预测集进行计算，得到 179 个预测样本的 f_i 值，见表 5-7 中倒数第二列；根据表 5-3 中东、中、西部地区农户抽样情况，可以得到训练集中"违约"("-1"类)、"不违约"("+1"类)样本的对应计数 N_-、N_+，构建最小交叉熵误差函数求得 Sigmoid 函数中包含的两个参数的最优取值 $z^* = (A^*, B^*)$；具体结果见表 5-6。

表 5-6　东、中、西部地区 Sigmoid 函数中参数的取值

地区	A	B
东部地区	-1.0331	-1.1883
中部地区	-1.2182	-0.5156
西部地区	-0.7656	-0.2257

将表 5-6 中各地区的 Sigmoid 最优参数 $z^* = (A^*, B^*)$ 代入式(5.16)、式(5.17) Sigmoid 映射函数中,得到两类判别的概率输出,因为两类概率之和为 1,所以下文对样本的"不违约"概率 $\Pr(y = +1 \mid x)$ 进行讨论,"违约"概率等于 1 减去"不违约"概率。求得各地区农户"不违约"概率的计算式为:

东部地区:$\Pr_e(y = +1 \mid x) = \dfrac{1}{1 + e^{A^* f + B^*}}$

$= \dfrac{1}{1 + \exp(-1.0331 \times f_i - 1.1883)}$

中部地区:$\Pr_m(y = +1 \mid x) = \dfrac{1}{1 + e^{A^* f + B^*}}$

$= \dfrac{1}{1 + \exp(-1.2182 \times f_i - 0.5156)}$

西部地区:$\Pr_w(y = +1 \mid x) = \dfrac{1}{1 + e^{A^* f + B^*}}$

$= \dfrac{1}{1 + \exp(-0.7656 \times f_i - 0.2257)}$

根据上述"不违约"概率的计算式,可以求得测试集中农户的"不违约"概率,计算结果见表 5-7 中最后一列。从表 5-7 中可以看出,预测得到的"不违约"概率较大的样本对应的预测标签为"+1"("不违约"),预测得到的"不违约"概率较小的样本对应的预测标签为"-1"("违约"),概率输出的结果和违约判别的结果完全一致。还可以看出,实际标签为"+1"但被错判为"-1"的样本,预测得到的属于"+1"类的概率多数情况高于实际标签为"-1"样本的概

率输出。由此我们可以看出，结合"违约判别"和"非违约概率输出"两个模型的结果来进行农户评价，可以在一定程度上降低对农户信用评价产生的偏差。

表 5-7　　东、中、西部农户非违约概率计算结果

地区	序号	hhid	真实类	预测类	f	prob
东部地区	1	201100037	1	−1	−0.8313	0.5816
	2	201100043	−1	−1	−0.9788	0.5442
	…	…	…	…	…	…
	20	201102580	−1	−1	−0.9494	0.5517
	21	201102615	1	1	0.9998	0.9021
	22	201102667	1	1	0.9997	0.9021
	…	…	…	…	…	…
	37	201103554	1	−1	−0.6042	0.6374
	38	201103556	1	1	0.9996	0.9021
	…	…	…	…	…	…
	76	201107097	1	−1	−0.4685	0.6691
中部地区	1	201101031	1	1	1.0000	0.8499
	…	…	…	…	…	…
	9	201104113	1	−1	−0.1286	0.5888
	10	201105086	1	1	0.2437	0.6926
	…	…	…	…	…	…
	16	201105815	1	1	0.1639	0.6716
	17	201105833	1	1	0.9842	0.8474
	…	…	…	…	…	…
	36	201106467	−1	−1	−0.2537	0.5515

续表

地区	序号	hhid	真实类	预测类	f	prob
西部地区	1	201101562	1	1	0.5875	0.6627
	2	201101589	−1	−1	−0.5460	0.4521
	…	…	…	…	…	…
	8	201101726	1	−1	−0.2743	0.5039
	9	201101817	1	1	1.0000	0.7293
	…	…	…	…	…	…
	19	201107501	−1	1	0.1217	0.5790
	…	…	…	…	…	…
	48	201108234	−1	1	0.3555	0.6219
	49	201108241	1	−1	−0.3017	0.4987
	…	…	…	…	…	…
	66	201108332	1	−1	−0.3161	0.4959
	67	201108360	1	1	0.4019	0.6303

注：考虑到本书的整体性，上表中只列出了模型的部分代表性结果。

接下来，采用均方误差(mean square error, MSE)方法分别对三个地区的概率输出结果进行评估：

$$\text{MSE} = \frac{1}{l} \sum_{i=1}^{l} (p_i - \Pr(y_i = +1 \mid x_i))^2 \quad (5.22)$$

其中，p_i 表示样本 (x_i, y_i) 属于"+1"类（"不违约"类）的真实概率。$\Pr(y_i = +1 \mid x_i)$ 表示对样本 (x_i, y_i) 运用代价敏感的支持向量分类模型估计后得到的属于"+1"类（"不违约"类）的估计概率。

通过计算，得到东部地区农户信用概率估计的均方误差为 0.1206，中部地区的均方误差为 0.1407，西部地区估计的均方误差为 0.2382。东部地区的预测效果要好于中、西部地区，这和中、西部地区农户的信用数据不整齐、样本选择存在偏差有直接的关系，也进一步说明在全国范围内构建农户信用评价体系的重要性，信息的不全面将导致评估结果的偏差增大、有效性降低。

5.3 基于支持向量回归的农户信贷违约损失率测算

前两节已经从农户是否违约以及违约概率对其信用进行了研究，但是还没有对农户的信用评估进行一个完整的研究。在农户信用评价标准中，对于违约概率（PD）的研究关注度很高，因为违约概率判别相对比较明了也较易掌握，但对违约损失率（loss given default，LGD）的研究远不及违约概率的研究所取得的进展。仅将违约判别、违约概率作为农户信用评价的标准，显得有些单薄、存在很多不完善的地方，《巴塞尔新资本协议》也强调了在银行监管中违约损失率指标的重要性，并鼓励银行或监管机构提供更精确的度量方法估计违约损失率。所以，对于农户信用评价的研究，除了是否违约、违约概率的测算，必须考虑农户信贷的违约损失率，不同的违约损失率给借贷机构带来的风险是不同的。

5.3.1 违约损失率

违约损失率，或者称为贷款回收率（贷款回收率＝1－违约损失率），就是指借贷人一旦违约将给放贷机构造成的损失程度，它用贷款或债券违约后能回收的货币数量与债务面值的百分比表示。对农户违约损失率的定义如下：

$$\text{LGD}_i = \frac{L_i}{S_i} \quad (5.23)$$

LGD_i 表示第 i 个农户的违约损失率，其中，L_i 表示第 i 个农户借贷应收未收的本息总额，S_i 表示第 i 个农户借贷的资金本息总额。下文中构建支持向量回归机时用 z_i 表示违约损失率。

违约概率与违约损失率是相互独立的两个变量，但有一定的关联性，违约概率与违约损失率共同决定了反映信用风险的重要指标——预期损失率指标（expected loss，EL）：

$$\text{EL}_i = \text{LGD}_i \times \text{PD}_i \quad (5.24)$$

从式（5.23）可以看出，违约损失率不再是若干个离散的数据，而是取值范围在[0，1]区间的一个连续分布。估计农户信贷的违约损失率是一个相对复杂的回归问题，而且是非线性回归，需要综合考虑各种影响农户信用水平的指标，所以本书选用支持向量回归机(support vector regression，SVR)来进行农户信贷的违约损失率估计。

5.3.2　支持向量回归机

在第5.1节中，我们所用的支持向量机方法是通过对训练集的学习后得到一个分类判别函数，从而推断测试集中样本的分类问题是一个分类模型。当对训练集学习后得到的函数输出结果不再是离散的类别而是连续值，或者由训练集的某些指标属性来推断研究所需的其他属性时，分类问题就变成了回归问题。回归问题是比分类问题涵盖范围更广的一类问题，或者分类问题也可以理解为回归问题的一个特例。

在本书第4章对支持向量分类问题的介绍中，我们可以看到对于线性不可分的数据，可以通过借助核函数将线性不可分数据投影到高维空间变成线性可分的问题。因此，对于支持向量回归所研究的问题，也可以借助核函数的方法，来研究非线性回归的问题。设给定训练集，其中 $T = \{(x_1, z_1), (x_2, z_2), \cdots, (x_l, z_l)\}$，$x_i \in R^n$ 是输入的指标变量，x_i 对应的输出为 z_i，$z = \{z_1, z_2, \cdots, z_l\} \in R$。$x_i$ 和 z_i 之间存在着特定的函数映射关系：$F = \{f \mid f: R^n \to R\}$。

回归问题其实是要寻找一个函数 $f \in F$，使得回归模型的期望风险 $R(f) = \int c(x, y, f(x)) \mathrm{d}p(x, z)$ 达到最小值。其中，$c(x, z, f(x))$ 是一个给定的损失函数，期望风险的计算式中概率分布 $p(x, z)$ 通常是未知的，因此一般用经验风险 $R_{\mathrm{emp}}(f) = \sum_{i=1}^{l} c(x_i, z_i, f(x_i))$ 来代替期望风险。

在求解回归问题时，对于上文提到的损失函数 $c(x, z, f(x))$ 的选取有许多方法，支持向量回归机最常用的损失函数是 ε - 不敏感损失函数，它的定义为：

$$c(x, z, f(x)) = |z - f(x)|_\varepsilon = \max\{0, |z - f(x)| - \varepsilon\}$$
(5.25)

式(5.25)中的 ε 是事先给定的,式(5.25)表示:当与指标属性 x 对应的研究变量的实际观察值 z 与研究变量的预测值 $f(x)$ 之间的偏差如果不超过事先给定的 ε,则可以认为所进行的预测是无损失的,取值为 0,如果研究变量的实际观察值 z 与研究变量的预测值 $f(x)$ 之间的偏差大于事先给定的 ε,则损失为 $|z - f(x)| - \varepsilon$,如图5-1所示,在图5-1中,预测直线 $f(x)$ 上下方两条虚线之间的区域被称为 ε-带,当样本点位于该区域时,预测没有损失;该区域外的样本点,以 (x^*, y^*) 为例,预测损失为 $\xi^* = |y^* - f(x^*)| - \varepsilon$。

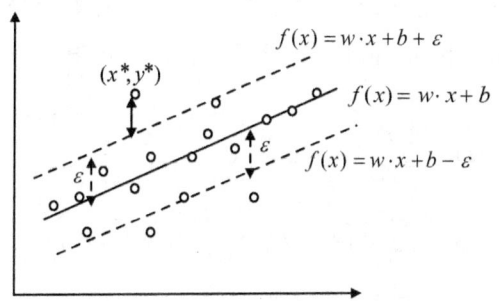

图 5-1　ε-支持向量回归机

如果样本点呈现线性关系,则回归函数 $f(x)$ 可以表示为:
$$f(x) = w \cdot x + b \quad (5.26)$$

对于非线性回归关系,类似非线性数据的支持向量分类问题,可以通过采用非线性映射 $\phi(\cdot)$ 将原始低维空间的样本点映射到高维空间,转换为在高维空间中可以线性回归的问题。此时,回归函数表示为:
$$f(x) = w \cdot \phi(x) + b \quad (5.27)$$

支持向量回归所研究的问题只有一类,从理论上分析,支持向量回归所对应的最优回归超平面不是像支持向量分类一样要寻找"最大间隔"分类超平面,而是要寻找一个超平面使得所有样本点回归的损失最小,即离超平面的"总偏差"最小。但是,当"总偏差"最小时就是所有样本点都在 ε - 带之间的情况，所以求最优回归超平面其实等价于求最大间隔分类超平面。显然，回归问题和分类问题的区别仅在于输出的函数值不同，回归问题中 z_i 可以取任意连续的实数值，而在分类研究中，y_i 只能取离散的"-1"、"+1"两个值。

ε - 支持向量回归机对应的初始优化问题为：

$$\min \frac{\|w\|^2}{2} + C \sum_{i=1}^{l} (\xi_i + \xi_i^*) \tag{5.28}$$

$$\begin{aligned} \text{s.t.} \quad & (w \cdot \phi(x_i) + b) - z_i \leq \varepsilon + \xi_i \\ & z_i - (w \cdot \phi(x_i) + b) \leq \varepsilon + \xi_i^* \\ & \xi_i^*, \xi_i \geq 0, \ i = 1, 2\cdots, l \end{aligned} \tag{5.29}$$

式(5.28)中，ξ_i，ξ_i^* 是松弛因子，也表示回归损失或者误差。当样本点位于 ε - 带之内时，ξ_i，ξ_i^* 为 0，当样本点位于 ε - 带之外时，ξ_i，ξ_i^* 均大于 0。根据式(5.28)，式(5.29)，构建拉格朗日函数：

$$\begin{aligned} L(w, b, \alpha) = & \frac{\|w\|^2}{2} + C \sum_{i=1}^{l} (\xi_i + \xi_i^*) - \\ & \sum_{i=1}^{l} \alpha_i [\varepsilon + \xi_i + z_i - (w \cdot \phi(x_i) + b)] - \\ & \sum_{i=1}^{l} \alpha_i^* [\varepsilon + \xi_i^* - z_i + (w \cdot \phi(x_i) + b)] - \\ & \sum_{i=1}^{l} (r_i \xi_i + r_i^* \xi_i^*) \end{aligned} \tag{5.30}$$

其中，α_i，α_i^*，r_i，$r_i^* \geq 0$ 为拉格朗日乘子，$i = 1, 2, \cdots, l$。根据优化理论，转化为对偶问题：

$$\begin{cases} \min_{\alpha} \frac{1}{2} \sum_{i,j=1}^{l} (\alpha_i^* - \alpha_i)(\alpha_j^* - \alpha_j) K(x_i \cdot x_j) + \\ \quad \varepsilon \sum_{i=1}^{l} (\alpha_i^* + \alpha_i) - \sum_{i=1}^{l} z_i (\alpha_i^* - \alpha_i) \\ \text{s.t.} \sum_{i=1}^{l} (\alpha_i^* - \alpha_i) = 0, \ 0 \leq \alpha_i, \alpha_i^* \leq C, \ i = 1, \cdots, l \end{cases} \tag{5.31}$$

根据式(5.31)，得到最优解 $\hat{\alpha} = (\hat{\alpha_1}, \hat{\alpha_1^*}, \cdots, \hat{\alpha_l}, \hat{\alpha_l^*})$，构造估计函数：

$$\hat{f}(x) = \sum_{i=1}^{l}(\hat{\alpha_i^*} - \hat{\alpha_i})K(x \cdot x_j) + \hat{b} \quad (5.32)$$

其中，$\hat{b}$ 按下列式子计算：

若选择到的是 $\hat{\alpha_j} > 0$，计算 $\hat{b} = z_j - \sum_{i=1}^{l}(\hat{\alpha_i^*} - \hat{\alpha_i})K(x_i \cdot x_j) + \varepsilon$；若选择到的是 $\hat{\alpha_j^*} > 0$，则 $\hat{b} = z_j - \sum_{i=1}^{l}(\hat{\alpha_i^*} - \hat{\alpha_i})K(x_i \cdot x_j) - \varepsilon$。

5.3.3 基于 ε-支持向量回归机的农户信贷违约损失率预测

设给定训练集，其中 $T = \{(x_1, z_1), (x_2, z_2), \cdots, (x_l, z_l)\}$，$x_i \in R^n$ 是第 3 章优化后的农户信用评价指标体系中的评价指标集，具体指标见表 3-1 中保留的 47 个指标，x_i 对应的输出 z_i 为第 i 户的信贷违约损失率，见表 5-8 中 LGD。

本书所采用的微观调查数据中一部分样本的借贷期限信息不全，在综合考虑了违约损失率的本质并结合本书实证所用的农户信用评价数据的基础上，本书用调查期农户的所有欠款数额来代替农户贷款应收未收本息总和，用调查期农户的所有借贷资金总额来代替农户借贷应收本息之和，进行违约损失率的估算，以此来代替农户"真实"的违约损失率进行后续研究。为了使计算结果尽量靠近农户信贷真实的违约损失率，根据农户实际的违约情况，将不违约农户的违约损失率调整为 0，大于 1 的违约损失率均调整为 1。根据式(5.23)，对 527 户农户的信贷违约损失率计算并调整后的结果见表 5-8。

考虑到上文对农户信用研究时存在显著的地区差异，同样对 527 户农户信贷数据分东、中、西部三个地区分别构建农户信贷违约损失率预测模型。

表 5-8　　　　农户违约损失率(LGD)计算结果

序号	违约	借款总额	欠款总额	LGD	序号	违约	借款总额	欠款总额	LGD
1	0	70000	4000	0.0000	74	0	5000	17000	0.0000
2	1	10000	100	0.0100	…	…	…	…	…
…	…	…	…	…	93	1	70000	100	0.0014
10	0	670000	700000	0.0000	94	0	300000	50000	0.0000
11	0	20000	15000	0.0000	95	0	300000	110000	0.0000
12	1	25000	20000	0.8000	96	1	600000	10000	0.0167
13	0	65000	55000	0.0000	…	…	…	…	…
14	0	70000	130000	0.0000	135	1	70013	103000	1.0000
…	…	…	…	…	136	1	110000	50000	0.4545
36	1	6000	15000	0.4000	137	0	40000	4000	0.0000
37	0	20000	80000	0.0000	…	…	…	…	…
38	0	0	0	0.0000	202	1	2000	100	0.0500
39	0	0	20000	0.0000	203	0	215000	196000	0.0000
40	0	3600		0.0000	204	1	40000	100	0.0025
41	1	19000	40000	0.4750	…	…	…	…	…
42	0	0	0	0.0000	229	1	34000	2600	0.0765
43	0	550000	74400	0.0000	230	1	44000	11100	0.2523
…	…	…	…	…	231	1	25000	20100	0.8040
59	1	5000	100	0.6200	…	…	…	…	…
60	1	325000	20100	0.4465	336	1	17000	100	0.0059
61	1	58000	100	0.4845	337	1	20000	10100	0.5050
62	1	93000	36000	0.6559	…	…	…	…	…
63	0	50000		0.0000	341	1	8000	100	0.0125
64	1	11000	100	0.1909	…	…	…	…	…
…	…	…	…	…	526	1	90000	90000	1.0000
73	1	50000	45000	0.9000	527	0	78000	6000	0.0000

注：考虑到本书的整体性，上表中只列出了农户违约损失率计算的部分代表性结果。

首先，依据本书4.3节中提到的网格搜索(grid search)法对支持向量回归模型中的惩罚参数 C 以及核参数 σ^2 的取值进行了寻优。计算结果见表5-9。

表5-9　　回归模型网格法参数寻优结果

数据类型	Best C	Best σ^2	准确率
东部	2.6176	0.0039	84.3049%
中部	5.3439	0.0319	78.4906%
西部	0.2500	0.0313	69.5051%
全部数据	4.0000	0.1250	76.2239%

按照表5-3中的比例对各地区数据进行抽样，利用 ε-SVR 模型分地区构建的模型如下所示。

对于东部地区，$C = 2.6176$，$\sigma^2 = 0.0039$，农户违约损失率预测模型如下：

$$\widehat{\mathrm{LGD}}_e(x) = \sum_{i=1}^{l}(\hat{\alpha}_i^* - \hat{\alpha}_i)K(x \cdot x_j) + \hat{b}$$
$$= [-0.47095, -0.35555, \cdots, 1.840478, \cdots, -0.17117]$$
$$\times \sum_{i=1}^{147} \exp\left(-\frac{\|x - x_i\|^2}{2 \times 0.0039}\right) - 0.1528$$

对于中部地区，$C = 0.3439$，$\sigma^2 = 0.0319$，农户违约损失率预测模型如下：

$$\widehat{\mathrm{LGD}}_m(x) = \sum_{i=1}^{l}(\hat{\alpha}_i^* - \hat{\alpha}_i)K(x \cdot x_j) + \hat{b}$$
$$= [0.5897, -0.2439, \cdots, 3.4692, \cdots, 0.2929]$$
$$\times \sum_{i=1}^{70} \exp\left(-\frac{\|x - x_i\|^2}{2 \times 0.0319}\right) - 0.1633$$

对于西部地区，$C=0.2500$，$\sigma^2=0.0313$，农户违约损失率预测模型如下：

$$\widehat{\text{LGD}}_w(x) = \sum_{i=1}^{l}(\hat{\alpha}_i^* - \hat{\alpha}_i)K(x \cdot x_j) + \hat{b}$$
$$= [0.25, 0.25, \cdots, -0.1364, \cdots, -0.0208]$$
$$\times \sum_{i=1}^{131} \exp\left(-\frac{\|x - x_i\|^2}{2 \times 0.0313}\right) - 0.1469$$

运用上述模型对各地区预测集中农户的违约损失率进行预测，结果见表 5-10。

表 5-10　　　　　　农户违约损失率预测结果

地区	序号	hhid	真实类	预测类	LGD	$\widehat{\text{LGD}}$
东部地区	1	201100037	1	−1	0.0000	0.0996
	2	201100043	−1	−1	0.0100	0.0151
	...	...	...	...	...	...
	20	201102580	−1	−1	0.0014	0.0017
	21	201102615	1	1	0.0000	0.0035
	22	201102667	1	1	0.0000	0.1001
	...	...	...	...	...	...
	37	201103554	1	−1	0.0000	0.0446
	38	201103556	1	1	0.0000	0.0893
	...	...	...	...	...	...
	76	201107097	1	−1	0.0000	0.1000

续表

地区	序号	hhid	真实类	预测类	LGD	$\widehat{LGD}$
中部地区	1	201101031	1	1	0.0000	0.0000
	…	…	…	…	…	…
	9	201104113	1	−1	0.0000	0.0295
	10	201105086	1	1	0.0000	0.0997
	…	…	…	…	…	…
	16	201105815	1	1	0.0000	0.1000
	17	201105833	1	1	0.0000	0.1002
	…	…	…	…	…	…
	36	201106467	−1	−1	0.4545	0.4808
西部地区	1	201101562	1	1	0.0000	0.1373
	2	201101589	−1	−1	0.0526	0.1742
	…	…	…	…	…	…
	8	201101726	1	−1	0.0000	0.1602
	9	201101817	1	1	0.0000	0.1599
	…	…	…	…	…	…
	19	201107501	−1	1	0.9938	0.9541
	…	…	…	…	…	…
	48	201108234	−1	1	0.9458	0.9543
	49	201108241	1	−1	0.0000	0.1982
	…	…	…	…	…	…
	66	201108332	1	−1	0.0000	0.2228
	67	201108360	1	1	0.0000	0.1600

注：考虑到本书的整体性，上表中只列出了模型的部分代表性结果。

采用均方误差（MSE）对农户信贷违约损失率预测模型进行

评价，

$$\text{MSE} = \frac{1}{l} \sum_{i=1}^{l} (\text{LGD}_i - \widehat{\text{LGD}_i})^2 \qquad (5.33)$$

其中，LGD_i 表示样本 (x_i, z_i) 的真实违约损失率。$\widehat{\text{LGD}_i}$ 表示样本 (x_i, z_i) 运用支持向量回归模型估计后得到的违约损失率。

通过计算，用东部地区农户违约损失率模型进行预测，得到的均方误差为 0.0102，中部地区的均方误差为 0.0265，西部地区估计的均方误差为 0.0298。东部地区的预测效果要好于中、西部地区。

5.4 评价结果分析

本章选用的模型分别从农户信贷违约判别、违约概率估计、违约损失率预测三个维度对农户信用进行了评价。结合表 5-7 和表 5-10 中三个模型的评价结果，可以看出三个模型的评价结果基本一致，但信用数据不全面使得单独构建的每一个模型都不能达到 100% 的正确预测结果，对农户信用评价会产生不同程度的偏差。如果将三个模型的预测结果结合起来，可以有效地降低判别错误的发生，可以有效地降低银行的不良贷款率，同时提高农户贷款审批率。下面，对每个地区分别选择一个样本进行分析。

以东部地区第 22 个数据、hhid 为 201102667 的农户信用评价结果为例，可以看出运用代价敏感的支持向量分类模型对该农户进行预测，得到的预测标签为"+1"（"不违约"类），属于"不违约"类的概率为 0.9021，如果该客户违约，违约损失率为 10.01%，金融机构可以根据自己承担风险的能力调整该农户的贷款额度。

以中部地区第 9 个数据、hhid 为 201104113 的农户信用评价结果为例，运用代价敏感的支持向量分类模型对该农户进行预测，得到的预测标签为"-1"（"违约"类），与真实的类别有差异。然后可以通过分析该农户属于"不违约"类的概率为 0.5888，处于中等水平，如果该客户违约，带来的违约损失率仅为 2.95%，因此，结合三种评价结果,金融机构可以根据自己承担风险的能力进行适当放款。

以西部地区第 48 个数据、hhid 为 201108234 的农户信用评价结果为例,运用代价敏感的支持向量分类模型对该农户进行预测,得到的预测标签为"+1"("不违约"类),属于"不违约"类的概率为 0.6219,如果该客户违约,违约损失率高达 95.43%,因此,虽然该客户被评价为"不违约"客户,而且不违约概率也处于中等偏上的水平,但是一旦该客户违约,带来的违约损失率高达 95.43%,建议金融机构不对该客户发放贷款。

综上所述,金融机构可以根据违约判别结果来初步甄别农户是否违约,然后结合农户的违约概率和违约损失率进行农户信用的综合评价,结合三者进行贷款审核来最后决定是否放贷。针对上述研究,本书对正规金融审贷给出如下建议。

(1)被预测为"+1"类,同时非违约概率很高,并且预测得到的违约损失率较低的农户,金融机构应该批准其贷款申请。

(2)被预测为"+1"类,但是非违约概率不高,并且预测得到的违约损失率较高的农户,金融机构应该拒绝其贷款申请。

(3)被预测为"+1"类,但是非违约概率不算太高,预测得到的违约损失率也不高的农户,金融机构可以适度调整贷款额度和贷款期限,并对贷款的使用情况等进行跟踪考察。

(4)被预测为"-1"类,同时非违约概率很低,并且预测得到的违约损失率较高的农户,金融机构应该拒绝其贷款申请。

(5)被预测为"-1"类,但是非违约概率相对较高,并且预测得到的违约损失率不高的农户,金融机构应该批准其贷款申请。

(6)被预测为"-1"类的其他情况,金融机构可以根据自己机构的发展特点来决定是否批准贷款申请。

本书采用的是微观调查数据,样本量有限,而且缺少金融机构真实的借贷记录,受数据所限,根据现有的样本进行农户信用等级划分并不能应用于正规金融机构,所以没有进行农户信用等级的划分研究。对于正规金融机构,可以根据自己机构的发展特点和借贷历史记录参考本章的建模思想来进一步进行农户信用等级划分,相比以往的信用卡打分模式，本章的方法可以更加客观有效地降低金融机构的不良贷款率。

5.5 本章小结

本章基于支持向量机构建原理，从是否违约、违约概率、违约损失率这三个维度对农户信用进行全面系统的评价，对三个模型的对比分析详见表 5-11。

表 5-11　　　　　三个评价模型的对比分析

对比项目	模型 1：农户信贷违约判别模型	模型 2：农户信贷违约概率输出模型	模型 3：农户信贷违约损失率测算模型
评价指标	第 3、4 章建立并优化的指标体系。见表 4-6	第 3、4 章建立并优化的指标体系。见表 4-6	第 3 章建立的指标体系。见表 3-1
评价目的	农户信贷是否违约	农户信贷违约概率	农户信贷违约损失率
输出结果	$\{+1, -1\}$ 两个值	$[0, 1]$ 区间	$[0, 1]$ 区间
模型评价	总正确率、F 度量	MSE	MSE

本章的主要创新有以下几点。

（1）基于违约判别导致的错判损失不同，构建了基于代价敏感支持向量分类机的农户违约判别模型，相比其他几种常用的分类模型，该模型可以有效降低两类错判概率，同时提高模型的整体正确率。

（2）通过引入高斯核函数，可以将低维空间中的评价指标映射到高维空间，在高维空间中寻找最优的线性分类、线性回归解，有效解决了传统评价问题中线性不可分、线性回归拟合不好的问题。

（3）通过构建农户违约概率输出模型、农户违约损失率预测模型，对传统的仅依靠违约判别和信用打分模式进行的信用评价方法进行了补充，构建了全面的农户信用评价模型，可以为金融机构审核农户贷款提供一个较客观的依据，从而有效降低金融机构涉农贷款的不良贷款率，提高金融机构涉农贷款的信用风险管理水平。

第 6 章　完善农户信用评价体系的相关建议

根据中国当前的发展政策以及农户信用评价中存在的问题可以看出目前我国农户信用体系建设方兴未艾，面临诸多问题，农户信用评价体系的完善之路任重道远。在发展社会主义市场经济的新形势下，构建新型农户信用体系尤为必要。只有逐步在全国范围内构建一个科学系统的农户信用评价体系才能保障农村金融的稳定发展。无论从发展社会主义市场经济的新形势出发，还是从社会信用体系建设的新要求出发，农户信用评价体系的完善与金融产品创新都显得尤为必要。笔者在科学发展观、社会主义法治思想的指导下，坚持以人为本，发挥政府主导作用，在建立健全农户信用法律法规体系和标准的基础上，以推动农户信用为中心，通过促进诚信文化建设、建立诚信奖惩机制，完善信用服务市场，从而提高全社会诚信意识和信用水平，并结合前文第 3 章至第 5 章的研究结论，针对完善农户信用评价体系、构建新型农户信用体系建言献策。

6.1　政府主导，构建农户信用体系顶层设计

农户信用体系建设是一项系统性的社会化工程，既需要信用主体的广泛参与，又要有信用主体之外的有效监督，更需要政府主导作用的充分发挥。西方"征信国家"发展的先进经验也早已表明，政府是社会信用制度或者信用制度群体的主要供给者，在社会信用体系建设中的主要任务和职责，就是切实加强信用立法和信用制度

的供给。①

6.1.1 统筹协调，发挥政府职能

开展农户信用体系建设，对维持、推进与实现农村金融稳健、发展现代化农业、繁荣新农村经济和切实增加农民收益等方面意义重大；可以广泛增强农民信用意识，深入改善农村信用环境，有效防范农村信贷风险，较好地解决农民"贷款难、难贷款"等农村社会现实问题，既是政府对"三农问题"进行社会管理与经济服务的有力举措，更是认真贯彻落实科学发展观，大力支持社会主义新农村建设，实施城镇化战略，统筹城乡发展的题中之义。

在具体实践中，政府要发挥主导作用，切实加强对农户信用体系建设的组织、协调、监管和服务。农户信用体系建设是系统性的社会工程，首先，参与主体众多，涉及多个政府部门、金融机构、企事业单位以及个人等社会主体，过程中必须发挥政府的组织保障职能，提供强有力的组织保证；其次，涉及内容广泛，包括信用信息征集、查询、应用、信用信息安全等各方面内容，专业化较强，社会参与程度高，要建立具体的工作通报和协调制度，通过定期召开协调会议等有效沟通形式，彼此通报工作进展，及时发现、研究并解决现实问题，如果没有政府的统一协调、科学调度，各项内容无法实现有效的衔接，农户信用体系建设将无从谈起；最后，市场需要引导，在社会主义市场经济条件下，市场本身在遵循价值规律的基础上实现优胜劣汰，市场主体的信用能通过市场本身进行确立并完成延伸，从而建立市场信用秩序，但市场本身内在的自发、盲目、滞后、欺诈等负面属性，会导致发生市场危机，故此需要政府进行科学有效的监管。同时，农户信用体系建设过程中，政府更应发挥自身的社会服务职能，为农户、农民合作社、生态农业和农产品生产、加工企业等农村社会成员建立信用档案，夯实农户信用体系建设的数据信息基础。

---

① 吴国平：中国信用立法重大疑难问题探析[J]. 法学杂志，2006(2)：13.

中央政府层面要利用各部门联席会议等有效形式，充分发挥其统筹协调的引领作用，整体规划，合理布局，进行政策引导，加强对各地方农户信用体系建设工作的指导、调度与监督；同时健全组织机构，各地方要设立专门机构具体负责推动农户信用体系建设，做到职责明确，统一领导；地方政府负责具体推进，地方各级政府要高度重视农户信用体系建设的实际进程，加强政策服务、行政监督与绩效考核，把农户信用体系建设工作成绩，作为目标责任考核和政绩考核的重要指标内容。各级政府部门要统一思想，权责明确，根据职责分工和工作实际，制订具体落实方案，定期总结、科学评估，发现问题及时改进，实现农户信用体系建设的可持续性发展。

同时，在发挥政府主导作用基础上进行系统规划，有计划、分步骤地统筹实施，实现社会共建。注重发挥市场机制作用，协调并优化资源配置，鼓励和调动社会力量，广泛参与，共同推进，形成农户信用体系建设的合力推进。

6.1.2 循序渐进，注重因地制宜

构建农户信用体系，要在发挥政府主导作用的基础上，系统统筹，循序渐进，科学规划，有计划、分步骤地统筹实施，实现社会共建。同时发挥市场在资源配置中的基础性作用，实现进一步的协调、优化，鼓励和吸引社会力量，积极参与，形成农户信用体系建设的合力推进。

要从我国具体国情出发，立足于东、中、西部地区的农村社会发展实际，依据不同地区间的地域差异，因地制宜地有序展开。结合农户生产经营形式的多样化，市场型农户与维持型农户的不同，各地区的农村社会信用环境，农户个体信用意识的情况，地域群体的信用水平，农户在涉农金融活动中的信用状况，有区别、分步骤地进行地域差别化信用体系建设，实现农户信用体系与本地农村经济发展水平、社会信用状况相匹配的渐进式建设路径。

6.1.3 继往开来，做好顶层设计

现阶段，加强农户信用体系建设，做好顶层设计至关重要。它是全面落实科学发展观、构建社会主义和谐社会的重要基础性工作，是进行社会主义新农村建设、城镇化建设与统筹城乡发展的重要保证，是完善社会主义市场经济体制、加强和创新社会治理的重要手段，对增强农户诚信意识、繁荣农村经济和优化信用环境具有重要的现实意义。

构建新型农户信用体系，要立足农村发展实际，依据地域间的差异，因地制宜地有序展开，要充分借鉴国外先进的建设经验。同时，必须立意高远、着眼未来，做到规范性、可持续性和易操作性的统一，保证农户信用体系的有效运行。要在建立健全农户信用法律法规体系和相关专业标准的基础上，以地方政府为主导，依托涉农金融机构为农户建立信用档案、构建科学合理的农户信用评价体系，通过促进信用文化建设、建立诚信奖惩机制，完善信用服务市场，从而提高全社会诚信意识和信用水平。

具体来说，农户信用体系建设的主要内容包括：通过政府主导牵头，进行多方的统筹协调，积极正确地发挥政府职能，构建农户信用体系的顶层设计；完善立法，通过加强专门立法，提高农户信用法制质量，同时对农户信用方面的法制资源进行统筹规划，构建农户信用法律法规体系，实现农户信用法规的体系化，使农户信用体系建设有法可依；在此基础上，通过统一农户信用信息采集，统一农户信用评价指标，统一农户信用信息共享，制定标准、搭建平台，构建农户信用信息标准体系；深入宣传，打造农户信用文化环境，通过普及诚实信用教育，加强诚信文化建设，锻造队伍，加快专业人才培养，实现农户信用体系建设的社会环境保障以及人才队伍保证；积极探索，构建农户信用奖惩管理制度，通过积极构建信用奖惩机制，实现奖惩分明、及时公示，全面落实信用奖惩机制；科学规划，通过发展农户信用服务机构，苦练内功，加强农户信用服务机构自身建设，开拓进取，理顺农户信用服务机构发展路径，培育和规范农户信用服务市场。

6.2 完善立法，构建农户信用法律法规体系

市场经济既是信用经济，更是法治经济。农户信用问题较多，根源于信用法制建设的滞后，国无法而不治，民无法而不立，法律先行缺位，农户信用体系建设便无从谈起。完善立法，是构建新型农户信用体系的核心内容。新形势下构建新型农户信用体系，必须强调立法先行，依法而为，才能保证农户信用体系建设有法可依，方能实现其自身的健康运作与发展。

6.2.1 加强专门立法，提高农户信用法制质量

在法律规范体系中，法律的位阶最高，效力最强。加强并完善立法是由现实社会关系调整的必要性和现存立法的滞后性所决定的。我国《立法法》第八条规定：民事基本制度，涉及基本经济制度以及财政、税收、海关、金融和外贸基本制度的事项只能制定法律。然而我国市场经济发展至今，尚未制定一部完整性的专门信用立法，其规定仅渊源于其他关联金融法律与各种政策规章之中，甚至多数是体现在相关的规范性文件里。如此使得农户信用立法权威性不足，规范性不强，法律层级较低。

我国在农户信用立法的指导思想方面，要在遵循农户信用发展的客观规律基础上，既从中国的现实情况出发，又充分借鉴国外专门信用立法的先进经验，大胆引入世界成熟法治国家和地区的信用立法先进理念和具体做法，在立法技术上借鉴融合，改革创新，加快实现农户信用立法工作与国际通行做法相接轨，建立科学完善的信用立法，为推动农户信用体系建设提供法制保障。

同时，农户信用立法，要坚持科学性、规范性和系统性相结合，立足农村金融市场实际，通过对农户信用信息征集的法定确认，征信机构的设立、权利义务的明晰，征信业务规则的设定，农户个人隐私权的保护，监督管理机构、业务的确立，信用主体法律责任的明确等基本法律框架的建构，使农户信用信息征集与应用、信用信息安全和主体权益保护等有法可依。同时，在规定实体内容

的基础上,对异议处理、投诉办理和责任追究等程序进行法律配套界定,先制定农户信用的单行法律,推进信用立法工作,实现对农户信用立法的基础性法律规制。世界主要发达国家的信用立法情况见表6-1。

表6-1　　世界主要发达国家的信用立法情况

国家	信用立法框架		解析
美国	基础性法律	《信息自由法》《个人隐私保护法》《联邦破产法》	法律完备,涉及信用公开、采集、加工、销售和使用的全过程
	主干性法律	《公平信用保护法》《消费者信用保护法》	
	配套性法律	《诚实借贷法》《公平信用结账法》《公平债务催收程序法》《债务收账法》	
德国	《分期付款销售法》、《个人数据保护法》、《信息自由法》		欧洲国家比较注重个人隐私的保护
英国	《租赁购买法》、《消费信用法》、《收据保护法》、《公司法》、《信息自由法》		信用立法主要涉及消费信贷和数据保护两方面

6.2.2　进行资源统筹,构建农户信用法规体系

农户信用法制建设,必须实现相关法律法规的统筹协调,构建农户信用法律法规体系;对诸如《民法通则》、《担保法》、《征信业管理条例》、《储蓄管理条例》等现行的法律法规进行立法资源梳理,实现农户信用立法的法制统一。

从立法层次来看，要实现农户信用在宪法、法律、行政法规、地方性法规、自治条例和单行条例、部门规章、地方性规章等不同法律位阶的统一，做到信用立法"宪法有体现、法律要规范、法规需全面、细则更完善"的生动法制生态环境；从立法内容来看，对农户信用立法要在遵循法律位阶的基础上，实现法律之间、法规之间的内容协调、匹配，严禁越权立法，杜绝法规打架等现象；从立法技术来看，各地区根据本地区信用体系建设需要，制定地区或行业信用建设的规章制度，明确信用信息记录主体的责任，保证信用信息的客观、真实、准确和及时更新，完善信用信息共享公开制度，推动信用信息资源的有序开发利用。[1]

6.3 统一标准，构建农户信用信息标准体系

没有规矩，不成方圆，没有标准，就没有改善。构建新型农户信用体系，必须加快农户信用信息标准体系建设。制定统一的农户信用信息采集和分类管理标准，统一农户信用评价指标体系。同时，建立统一的社会信用代码制度，通过完善相关制度标准，统一信息平台，实现信用信息资源共享。

6.3.1 制定标准，统一农户信用信息采集

在遵循合法性、一致性、独立性、保密性等基本原则的基础上，对农户信用信息的信息来源、采集方式、采集范围、基本信息、经济活动信息、银行往来信息及财务信息等进行内容设定，制定统一的农户信用信息采集国家标准。

建立政府主导的信息采集运作模式，由央行牵头展开，进行农户信用信息采集整体规划，并向社会征集并公布农户信用信息采集要素，建立科学、规范的农户信用信息采集的技术标准、业务标准等行业标准。地方政府要做好农户信用信息采集的组织工作，建立

---

[1] 国务院：社会信用体系建设规划纲要（2014—2020年），国发〔2014〕21号，2014年6月14日。

由地方政府主导，人民银行推动，金融机构、司法等部门协同的联动机制。此外，要实现农户信用信息采集主体的多元化。同时，由于受地域因素、经济基础、信用环境及农户收入差异性的影响，农户信用信息采集工作还要做到因地制宜，分类管理。建立农户信用信息分类管理制度，编制农户信用信息目录，明确农户信用信息分类，按照农户信用信息的属性与实际，建章立制，依法推进信用信息在采集、使用等环节的分类管理。

6.3.2 统筹规划，统一农户信用评价指标

对农户信用进行评价，前提是建立科学有效的农户信用评价指标体系。要在坚持全面、科学、可操作性等基本原则的基础上，借鉴个人信用、企业信用的评价体系，紧密结合当前农户信用评价指标建设的实际情况及农户信用评价的特点，实现农户信用主观与客观相结合，准确把握农户的主观信用意愿和农户自身的客观信用能力，建立完善的农户信用评价指标体系。

同时，针对我国当前东、中、西部地区农村经济社会发展的现实差异，有针对性地构建具有地域特色的信用评价指标，确保各项指标准确、具体、科学，可以客观、充分地反映农户信用的真实状况。另外，要完善农户信用评价保障体系，通过加强征信管理，强化业务培训，切实提供优惠政策等有效手段，为农户信用评价提供有力支持。具体建议如下。

1. 根据农户信用特点完善指标选择

对农户信用进行评价，前提是建立科学有效的农户信用评价指标体系。其中评价指标的选择是较为关键的一个环节。除了第3章中提到的农户信用评价指标选择应该遵循的全面性、目的性、层次性、可比性、普遍性、导向性等几大原则外，必须结合农户的信用特点来进行指标选择，准确把握农户的主观信用意愿和农户自身的客观信用能力，建立完善的农户信用评价指标体系。首先，农户信用是传统熟人社会信任关系的延伸，指标选择上必须既考虑到能体现熟人社会中信任关系的指标，又要包含反映经济活动中的践约度和社会活动的合规度的指标。其次，农户信用是家庭成员整体素质

的体现，要全方位衡量一个家庭的基本特征，除了评价体系中常见的受教育程度、健康状况、婚姻状况等，还可以加入反映农户家庭整体和谐程度的幸福感等主观感受指标。最后，农户信用受外部环境影响较大，因此反映家庭的参保情况、家庭收入的稳定性、宏观环境影响等方面的指标数量应该增加；除此之外，结合新形势下农户的流动性大、兼业农户的比重增大等新特点，也需要将这些指标纳入评价体系中。

2. 结合区域特点分地区构建指标体系

结合中国的具体国情，立足于东、中、西部地区的农村社会发展实际，当前在全国范围内构建一个统一的农户信用评价体系是很困难的，还需要依据不同地区间的地域差异，因地制宜地有序展开。结合农户生产经营形式的多样化，市场型农户与维持型农户的不同，各地区的农村社会信用环境，农户个体信用意识的情况，地域群体的信用水平，农户在涉农金融活动中的信用状况，有区别、分步骤地进行地域差别化信用体系建设，实现农户信用体系与本地农村经济发展水平、社会信用状况相匹配的渐进式建设路径。针对中国当前东、中、西部地区农村经济社会发展的现实差异，有针对性地构建具有地域特色的信用评价指标，确保各项指标准确、具体、科学，才能客观、充分地反映农户信用的真实状况。农户信用评价指标体系的构建，是一项系统性的社会化工程，需要涉农的金融机构、地方政府及农户的多方努力，多方面采取积极有效措施，多渠道开展综合治理，才能形成良性发展的农村信用秩序。

3. 三维一体客观评价农户信用水平

农户信用评价的结果一方面可以为金融机构的贷款审核提供依据，另一方面也影响着农户的金融经济活动的顺畅与否，信用评价是为双方服务的，必须保证客观、公正、全面。本书第5章从农户是否违约、违约概率估计、违约损失率预测这三个维度对农户信用进行了全面系统的评价，可以看出三个模型的评价结果基本一致，但每一个模型都不能达到100%的正确预测结果。如果单纯依靠一个模型得到的农户信用评价结果进行农户信用评分会与真实情况产生一定的偏差。如果将三个模型的预测结果结合起来，首先根据违约判别结果来初步甄别农户是否违约，然后结合农户的违约概率和违约损失率进行农户信用的综合评价。从违约判别、违约概率估计、违约损失率三个维度对农户的信用进行"三维一体"的农户信用评价与贷款审核，可以有效降低农户信用评价结果与真实信用的偏差程度，从而更好地服务于金融机构与农户，降低评价偏差给金融机构增加的信贷风险，降低评价偏差导致的高信用等级客户的流失。

6.4 搭建平台，健全农户信用信息共享传递机制

目前中国农户信用信息相对匮乏，正规金融机构之间的农户信用信息几乎不进行传递共享，严重阻碍了中国农户信用体系的构建。现阶段需要加快实现农户信用的系统开发，不断充实完善农户信用信息的采集、整合和应用等制度，结合社会现实需求，实现农户信用信息采集和信息资源共享一体化。

要搭建农户信用信息的统一平台，实现互联互通、农户信用信息数据交换共享，加快标准化建设。依托个人征信系统平台的现有资源，结合社会现实需求，利用现代网络技术，通过科学的信息存档及信息处理技术，实现农户信用储存、信用评价工作的网络化、系统化；通过创立农户信用信息的统计、查询系统，为本地区的农户每户设立一份电子档案，打破部门之间、行业之间的信息沟通壁垒，实现各机构互联互通以及信息数据的共享，拓宽农户信用信息应用领域。各机构通过数据的传递共享可以进行信息互补，从而得到全面的农户信用数据，改善农户信贷市场中放贷者所获得的信用信息不全面的状况。

要加大科技投入，通过完善农户信用信息共享机制，建立农户信用信息电子平台。一个农户只需进行一次信用信息采集便可在多个机构进行贷款申请，无疑可以大大降低农户信用信息的采集成本，也可以为农户提供更便捷的服务。实现农户信用信息数据与征信系统的对接，提高农户信用信息的利用效率与社会价值。

同时，构建社会信用代码制度，建立统一的社会信用代码。在

建立并完善农户信用信息标准体系、分类管理制度的前提之下，立足于早已建立的统一的公民身份证号码制度，确定统一的个人信用代码，每个公民将拥有一个唯一的信用账号，使得农户信用信息的使用不仅局限在金融信贷领域，而是服务于更多、更广的社会需求。

总之，农户信用体系的构建，必须要统一标准，建立农户信用信息标准体系。在立足于统一农户信用信息采集的基础上，建立科学有效的农户信用评价指标体系，通过搭建农户信用信息的统一平台，构建社会信用代码制度，加快农户信用信息标准体系建设，实现农户信用信息资源的社会化共享。

6.5　深入宣传，打造农户信用文化环境

要想规范农村金融市场、完善信用评价体系，除了客观全面地评价农户信用水平外，农户信用观念的确立和培养是必不可少的。农户信用观念的确立和培养，农户信用文化的培育，决非朝夕之功，宣传工作尤为重要。一方面，可以通过选择合适的信用评价指标对农户的社会经济行为进行指导，在农村地区形成按期履约和诚实守信的风气；另一方面，要依托社会信用体系建设规划纲要（2014—2020年），以全面推进社会信用体系建设为契机，通过深入、多元化的信用宣传，普及诚实信用教育、树立诚信典型，提高全民的诚信观念与信用意识，推动农户信用体系的建设进程。

6.5.1　修德立信，普及诚实信用教育

要以培育和践行社会主义核心价值观为根本，以普及诚实信用教育为目标，全面提升公民道德水平与社会精神风貌。修德立信，加强社会公德、职业道德、家庭美德和个人品德教育，秉承中华民族传统美德，发扬诚信文化，与时俱进，弘扬时代、世纪新风，构建诚实信用的良好社会风尚。

拓宽路径、扩大范围，将诚实信用教育内容，进一步充实到社会各级、各类的教育和培训中。首先，要实行诚实信用宣传责任

制，相关部门领导干部负责牵头，发挥信用队伍自身的积极性、主动性与创造性，认真编写发放诚实信用宣传教材，培养信用教育管理人才，分级培训诚实信用宣传骨干，并建立相应的激励制度；各部门要共同协作，将诚实信用宣传工作制度化、规范化、经常化；其次，要加强形式创新，充分运用现代传播媒介，把诚信宣传工作通俗化，信用宣传实现活动化，提高诚实信用宣传的文化内涵，用文化底蕴吸引人，用真实的案例教育感化人；诚实信用宣传内容方面要紧贴时势，与时俱进，加强内容创新，积极进行正面引导，激发诚实信用宣传建设的正能量，以教育促进宣传，用宣传保障教育，注重经验总结及制度创新，努力开创诚实信用宣传的新局面。

6.5.2 科学发展，加强诚信文化建设

加强信用建设，弘扬诚信文化。诚实信用植根于中华民族历史传统之中，文化是宣传诚信的天然载体。通过文化的熏陶和哺育，将诚实信用内化为行为人自身的自觉行为，形成正确的社会诚信价值观。深入开展多元化的诚信创建活动、主题宣传活动，树立诚信模范典型，搭建诚信文化交流平台与互动空间，拓展诚信文化建设的社会参与。

树立诚信典型，发扬信用精神。充分发挥媒体的宣传引导作用，结合道德模范评选和各行业诚信创建活动，树立社会诚信典范，使社会成员学有榜样、赶有目标，使诚实守信成为全社会的自觉追求。同时，深入开展诚信主题活动。有步骤、有重点地组织开展各项诚信公益活动，突出诚信主题，营造诚信和谐的社会氛围。大力开展重点行业领域诚信问题专项治理。深入开展道德领域突出问题专项教育和治理活动，针对诚信缺失问题突出、诚信建设需求迫切的行业领域开展专项治理，坚决打击歪风邪气，树立社会诚信风尚。将我国诚实守信的传统文化和现代市场经济的契约精神相结合，形成崇尚诚信、践行诚信的社会风尚。

6.5.3 锻造队伍，加快专业人才培养

实现农户信用，完善农户信用体系建设，关键在人。专业化的

队伍是农户信用建设不断发展的决定性因素，也是实现农户信用体系建设的重要保障。建立健全信用管理职业培训和专业考评制度，加强业务交流、培训拓展，探索信用队伍建设的绩效考核办法，为农户信用体系建设提供专业人才保障。

实施信用专业队伍建设战略，坚持常抓不懈。开展信用职业道德教育，树立正确的信用价值观，培养信用从业人员的职业、敬业和奉献精神，提高人才培育的实效性、专业性，多渠道打造人才成长的平台，加强与国内外的科研院所、专业信用机构的横向合作、交流，要重视信用从业人员的素质提升，加强专业培训，提高综合素质与信用管理的能力。要开发好、利用好高校学科、科研优势，开展信用理论、信用技术等专业领域研究。强化信用业务培训和计算机、网络技术培训工作。注重研究农户信用工作方法的同时，实现队伍法治化、专业化及现代化建设，营造良好的风气与工作环境，构建人才队伍建设的良好组织生态。

6.6　积极探索，构建农户信用奖惩管理制度

信用奖惩管理制度作为农户信用体系的核心运行机制，要在构建农户信用体系建设的具体实践中，有效改善信用奖惩的社会环境，充分发挥信用奖惩机制作用，积极进行探索，构建守信激励和失信惩戒的集科学性、完整性为一体的农户信用奖惩管理制度。

6.6.1　奖惩分明，积极构建信用奖惩机制

加强对守信主体的奖励和激励，加重对失信主体的惩治与限制。充分体现守信受益、失信受损的奖惩机制规则，要加大对守信农户的激励、扶持和失信农户的惩治力度，区别对待，给予不同的政策与待遇。各级涉农信用部门应加大对守信农户的扶持力度，让其真正获得更多的优惠条件和发展机会，让失信农户实打实地看到信用的现实价值。要根据农户信用等级予以授信，对信用等级较高的农户在信贷等农村金融服务领域开辟"绿色通道"，提供相关便利与政策优惠。同时，对失信农户应加大整顿治理力度，让其看到

不守信用的现实代价，明确不讲信用难以发展的社会信用大环境。

6.6.2 及时公示，全面落实信用奖惩机制

农户信用信息是个体农户在社会性活动中的日常信用表现，而奖惩信息是根据其日常信用的具体呈现而做出的奖惩评价与决定。农户信用奖惩管理制度要求信息公布的及时性与准确性，通过第一时间对农户自身信用信息、奖惩信息的社会公示、及时披露，借助社会舆论与传统道德的外部力量，对失信行为实行有奖举报制度，形成全社会监督的信用氛围，促进农户加强自身的信用自律。

对农户信用信息公布时，要坚持正反两方面相结合的原则进行，在对守信评级高的农户进行正面宣传的同时，要对失信农户进行反面披露，守信奖励、失信惩治、褒扬守信、鞭挞失信，加大社会曝光力度，提高信用奖惩制度的效能和社会影响力，通过"光荣榜"、"黑名单"等通俗形式，及时、全面、客观地进行信用信息公示。

农户信用奖惩制度的效能发挥重在实实在在的落实。为了保障农户信用奖惩制度执行到位，各涉农信用机构在实现信息资源共享的基础上，统一决策，加强沟通，注重发挥整体的部门协作优势，通过建立横向、纵向的多部门联合，实现多部门、跨地区信用奖惩联动，建立部门联动、密切配合、运转高效的协作运行机制，进一步提高信用工作效率；实现农户信用奖惩制度的效能最大化。使守信者处处受益，失信者寸步难行。

构建守信激励和失信惩戒为一体的农户信用奖惩管理制度，各级涉农信用机构通过对不同信用水平的农户应区别对待。

6.7 科学规划，培育和规范农户信用服务市场

随着我国社会信用体系建设的深入开展，信用服务市场的巨大潜力逐步显现。培育和规范现代信用服务市场，已经成为推动社会信用体系建设中不可或缺的重要环节，在具体构建农户信用体系

中,培育和规范农户信用服务市场,尤为必要。结合社会信用体系建设中信用服务市场的发展状况,特提出以下建议。

6.7.1 市场导向,发展农户信用服务机构

市场经济条件下,作为农户信用服务市场的主体,农户信用服务机构的建设与发展,必须坚持以市场为导向。在新农村建设与城镇化建设的背景下,农村经济发展、农村市场的挖掘,已经成为我国经济发展的重点之一,农村信用市场的潜力正在被发掘,农户信用服务机构大有可为。

要以市场为导向,培育和发展一批专业程度高、职业资质好的农户信用服务中介机构。实现公立公信、市场化运作,鼓励信用服务中介机构采用国际化技术标准和通行管理规则,实现法治化、规范化经营,打造自身信用服务品牌。同时,发展各类农户信用服务机构。逐步建立农户信用服务机构和社会信用服务机构互为补充、信用信息基础服务和增值服务相辅相成的多层次、全方位的农户信用服务组织体系。

6.7.2 苦练内功,加强农户信用服务机构自身建设

首先,要按照法治化、市场化要求,推动农户信用服务机构进行自身法人治理结构的明晰与完善。遵循现代企业制度的通行规则,在强化农户信用服务机构完善内部控制、规划部门协调的基础上,进行内部约束机制的构建完善,全面提升自身的信用服务质量。其次,打铁还要自身硬,要加强农户信用服务机构的自身信用建设。要根据相关法规、行业标准的具体规定,确立信用服务机构的行为准则,加强自身规范化管理、信用化管理,坚持公立公信,提高农户信用服务质量。最后,要加强农户信用服务机构的行业自律建设。推动农户信用服务行业的组织完善、职能分配以及行业规范等方面构建,在行业组织内部建立行业成员、行业从业人员的业务规范与基本行为准则,强化农户信用行业的自律约束,全面提升农户信用服务机构的信用水平与服务能力。

6.7.3 开拓进取，理顺农户信用服务机构发展路径

首先，要推进农户信用服务产品的创新发展与实际运用。积极拓展、拓宽农户信用服务产品的应用范围与服务领域，加大农户信用服务产品在新农村建设和城镇化建设中的广泛应用，结合各地的实际情况，给予相应的激励政策支持，鼓励农户信用服务产品的开发和创新，大力推动农户信用保险、农户信用担保、信用管理咨询及培训等农户信用服务配套业务的开展。

其次，要进一步培育并规范信用评级行业发展。借鉴国际知名评级机构的先进经验与发展模式，结合我国信用服务市场的建设实际，积极培育发展本土的权威性信用评级机构，出台相关法律法规，规范发展信用评级市场，提高整体的公信力与科学性。同时，要着眼全球，对标高端，积极参与国际竞争和标准制定，实现信用评级标准以及水平的专业化、国际化。

最后，要完善农户信用服务市场的监管体制建设。根据农户信用服务的市场需求，积极探索建立农户信用服务市场监管制度，完善信用服务法制建设，健全相关法律法规，依照法规规定实行专门的分类监管，实现权责明确，对农户信用服务市场的主体依法进行监督管理，要建立信用服务市场的准入与退出机制，确保依法经营与公平竞争，促进农户信用服务市场的健康发展。

6.8 本章小结

农户信用体系是社会主义信用体系的重要组成部分。开展农户信用体系建设，可以促进农村形成良好的信用氛围，吸引更多的资金支持新农村建设，对促进农村金融的稳健运行、农村基础建设和现代农业发展、农村经济繁荣和农民增收具有重要的历史与现实意义。

构建新型的农户信用体系，功在当代，利在千秋。要全面依托社会信用体系建设规划纲要（2014—2020年），以全面推进社会信用体系建设为契机，在坚持科学发展观、社会主义法治思想的指导

下，政府主导牵头，发挥组织优势，构建农户信用体系顶层设计，建立健全农户信用法律法规体系，构建农户信用信息标准化体系，打造农户信用文化环境，加快专业人才培养，建立农户信用奖惩机制，培育和规范农户信用服务市场。在实践中积极探索，在探索中改革创新，不断开创农户信用体系建设的新局面，为建设社会主义新农村提供信用支持，进而提升全社会的诚信意识与信用水平，为经济社会发展提供有力支撑。

  大数据时代信息的共享和交换是大势所趋，一切数据皆信用，信用评价结果的共享为金融机构提供审贷依据。本章围绕农户信用评价研究中存在的问题，结合前文对农户信用评价研究的主要结论，从指标的选择、差别化评价体系构建、"三维一体"客观评价体系、信用信息传递共享机制、农村信用文化环境打造五个方面提出了完善农户信用评价体系的建议。

参 考 文 献

[1] 王定祥，田庆刚，李伶俐等. 贫困型农户信贷需求与信贷行为实证研究[J]. 金融研究，2011(5)：128-142.

[2] T. W. Schultz. Transforming traditional agriculture [M]. New Haven：Yale University Press, 1964.

[3] S. Popkin. The rational peasant [M]. Califonia, American：University of Califonia Press, 1979.

[4] A.V. Chayanov. The theory of peasant economy [M]. Madison, Wisconsin：The University of Wisconsin Press, 1986.

[5] J. C. Scott. The moral economy of the peasant：subsistence and rebellion in southeast asia [M]. New Haven：Yale University Press, 1977.

[6] [美] 黄宗智. 华北小农经济与社会变迁[M]. 北京：中华书局，1986.

[7] 纪志耿. 农户借贷动机的演进路径研究——基于三大"小农命题"的分析[J]. 经济体制改革，2007(6)：96-100.

[8] M.Zeller.Determinants of credit rationing：a study of informal lender and formal credit groups in madagasca [J]. World Devlopment, 1994,22(12)：1895-1970.

[9] A. Kochar. An Empirical investigation of rationing constraints in rural credit markets in india [J]. Journal of Development Economics, 1997, 53 (2)：339-371.

[10] P. B. Duong. Y. Izumida, Rural development finance in vietnam：A microecon-ometric analysis of household surveys [J]. World Development, 2005, 30 (2)：319-335.

[11] F. N. Okurut. A. Schoombee, S. Van der berg, Credit demand and credit rationing in the informal financial sector in uganda [J]. South African Journal of Economics, 2005, 73 (3): 482-497.

[12] 黄祖辉, 刘西川, 程恩江. 中国农户的信贷需求: 生产性抑或消费性——方法比较与实证分析 [J]. 管理世界, 2007 (3): 73-80.

[13] 贺莎莎. 农户借贷行为及其影响因素分析——以湖南省花岩溪村为例 [J]. 中国农村观察, 2008 (1): 39-50, 80-81.

[14] 张庆昉. 农户结构和行为对借贷倾向的影响研究——基于湖南2000户农户的问卷调查 [J]. 财经理论与实践, 2010 (3): 24-29.

[15] 童馨乐. 农户借贷行为及其对收入的影响研究 [D]. 南京: 南京农业大学博士学位论文, 2012.

[16] 李延敏. 不同类型农户借贷行为特征 [J]. 财经科学, 2008 (7): 23-30.

[17] 秦建群, 吕忠伟, 秦建国. 农户分层信贷渠道选择行为及其影响因素分析——基于农村二元金融结构的实证研究 [J]. 数量经济技术经济研究, 2011 (10): 38-50.

[18] 秦建群, 吕忠伟, 秦建国. 农村二元金融结构与农户信贷渠道选择行为 [J]. 山西财经大学学报, 2011 (9): 54-61.

[19] 曾学文, 张帅. 我国农户借贷需求影响因素及差异性的实证分析 [J]. 统计研究, 2009 (11): 82-86.

[20] 顾宁, 范振宇. 农户信贷需求结构分析 [J]. 农业经济问题, 2012 (8): 73-78.

[21] W. Max. The protestant ethic and the spirit of capitalism [M]. London & Boston: Unwin Hyman, 1930.

[22] F.Fukuyama. Trust: The social virtues and creation of prosperity [M]. US: Simon & Schuster, 1996.

[23] A. Allen, J. Qian, M. Qian. Law, finance, and economic growth in China [J]. Journal of Financial Economics, 2005

(77): 57-116.

[24] 张爽, 陆铭, 章元. 社会资本的作用随市场化进程减弱还是加强——来自中国农村贫困的实证研究 [J]. 经济学（季刊）, 2007 (2): 539-560.

[25] B. Wydick, H. K. Hayes, S. H. Kempf. Social networks, neighborhood effects, and credit access: evidence from rural guatemala [J]. World Development, 2011, 39 (6): 974-982.

[26] 张建杰. 农户社会资本及对其信贷行为的影响——基于河南省397户农户调查的实证分析 [J]. 农业经济问题, 2008 (9): 28-34.

[27] 郭梅亮. 传统文化习俗下的农村消费性金融需求分析 [J]. 中国经济问题, 2011 (1): 53-60.

[28] 童馨乐, 褚保金, 杨向阳. 社会资本对农户借贷行为影响的实证研究——基于八省1003个农户的调查数据 [J]. 金融研究, 2011 (12): 177-191.

[29] 张兵, 李丹. 社会资本变迁、农户异质性与融资行为研究——基于江苏602个农户的调查分析 [J]. 江海学刊, 2013 (2): 86-91, 238.

[30] 李延敏. 中国农户借贷行为研究 [D]. 咸阳: 西北农林科技大学博士学位论文, 2005.

[31] 周宗安. 农户信贷需求的调查与评析: 以山东省为例 [J]. 金融研究, 2010 (2): 195-206.

[32] 马晓青, 黄祖辉. 农户信贷需求与融资偏好差异化比较研究——基于江苏省588户农户调查问卷 [J]. 南京农业大学学报（社会科学版）, 2010 (1): 57-63.

[33] 温涛, 冉光和, 王煜宇等. 农户信用评估系统的设计与运用研究 [J]. 运筹与管理, 2004 (4): 82-87.

[34] 胡愈, 许红莲, 王雄. 农户小额信用贷款信用评级探究 [J]. 财经理论与实践, 2007 (1): 30-33.

[35] 刘宝磊, 张园园. 基于信用评价模型对农户贷款违约行为的实证分析 [J]. 金融经济, 2009 (2): 110-111.

参考文献

[36] 杨宏玲,郭高玲. 基于 BBC 与价值链风险分析的农户信用评价指标体系探析［J］. 科技管理研究,2011（6）:70-73.

[37] 吴晶妹,张颖,唐勤伟. 基于农户信用特征的 WU's 三维信用评价模型研究［J］. 财贸经济,2010（9）:22-28,63.

[38] 程砚秋. 基于支持向量机的农户小额贷款决策评价研究［D］. 大连:大连理工大学博士学位论文,2011.

[39] 刘祚祥. 社区信用与农村金融发展——基本理论、田野经验与实证分析［M］. 北京:中国经济出版社,2012.

[40] M.Sugiyama, T. Idé, S. Nakajima et al., Semi-supervised local fisher discriminant analysis for dimensionality reduction［J］. Machine learning, 2010（78）: 35-61.

[41] M.Sugiyama. Dimensionality reduction of multimodal labeled data by loc-al fisher discriminant analysis［J］. Journal of Machine Learning Research, 2007（8）: 1027-1061.

[42] 迟国泰,王卫. 基于科学发展的综合评价理论、方法与应用［M］. 北京:科学出版社,2009.

[43] Y. Aksu. D. J. Miller, G. Kesidis et al.. Margin-maximizing feature elimination methods for linear and nonlinear kernel-based discriminant functions［J］. Neural Networks, IEEE Transactions on, 2010, 21（5）: 701-717.

[44] H.D.Li, Y.Z.Liang, Q.S.Xu.Recipe for uncovering predictive genes using support vector machines based on model population analysis［J］. Computational Biology and Bioinformatics, IEEE Transactions on,2011,8(6):1633-1641.

[45] N. Nikolic, N. Zarkic-joksimovic, D. Stojanovski et al.. The application of brute force logistic regression to corporate credit scoring models: evidence from serbian financial statements［J］. Expert Systems with Applications, 2013, 40（15）: 5932-5944.

[46] 陈永明,周龙,李双红. 基于 AHP 和 DEMATEL 方法的农户信用评级研究［J］. 征信,2012（5）:20-24.

[47] 帅青红,方玲,匡远竞. 基于决策树与 logistic 的上市公司信

用评估比较研究［J］. 西南民族大学学报（人文社会科学版），2013（5）：141-146.

［48］周宇峰，魏法杰. 基于相对熵的多属性决策组合赋权方法［J］. 运筹与管理，2006（5）：48-53.

［49］陈伟，夏建华. 综合主、客观权重信息的最优组合赋权方法［J］. 数学的实践与认识，2007（1）：17-22.

［50］W. Guo, K. N. Tong, H. Y. Shao et al., Small and medium-sized enterprises multiservice agent credit rating system construction under cloud manufacturing mode based on RS and AHP［J］. Computer Integrated Manufacturing Systems, 2013 (19)：2340-2347.

［51］W. J. Chen, M. Gao, Y. S. Yang. Dynamic credit supervision system of agent construction in public investment project and process design［J］. Advanced Management Science, 2013 (4)：1-8.

［52］李杰，赵子铱，陈毅俊. 基于相对熵的组合赋权法在农户信用评价中的应用［C］//中国企业运筹学第八届学术年会，2013.

［53］R. Fisher. The use of multiple measurement in taxonomic problem［J］. Annuals of Eugenic, 1936 (7)：179-188.

［54］D.Durand. Risk elements in consumer installment financing［R］. New York：National Bureau of Economic Research, 1941.

［55］R.A. Eisenbeis. Pitfalls in the application of discriminant analysis in business, finance, and economics［J］. The Journal of Finance, 1977 (32)：875-900.

［56］R. A. Eisenbeis. Problems in applying discriminantanalysis in credit scoring models［J］. Journal of Banking and Finace, 1979 (2)：205-219.

［57］E.Rosenberg. A. Gleit. Quantitative methods in credit management：a survey［J］. Operations Research, 1994, 42 (4)：589-613.

［58］姜明辉，姜磊，王雅林. 线性判别式分析在个人信用评估中

的应用 [J]. 管理科学, 2003 (1): 53-55.

[59] 迟国泰, 迟枫, 罗忠彦等. 网上拍卖竞买方个人信用风险管理理论与评价模型 [J]. 系统工程理论方法应用, 2006 (4): 373-379.

[60] 徐少锋. FISHER 判别分析在个人信用评估中的应用 [J]. 统计与决策, 2006 (2): 133-135.

[61] 周晓飞, 石勇. 基于数据挖掘的金融信用评估概述 [C] //第四届 (2009) 中国管理学年会——管理科学与工程分会场论文集, 2009.

[62] D. Martin. Early warning of bank failure: a logistic regression approach [J]. Journal of Banking & Finance, 1977, 1 (3): 249-276.

[63] J. C.Wiginton. A note on the comparison of logit and discriminant models of consumer credit behaviour, journal of financial quantitative analysis [J]. Journal of Financial Quantitative Analysis, 1980 (15): 757-777.

[64] A. Steenackers, M. J. Goovaerts. A credit scoring model for personal loans [J]. Insurance: Mathematics and Economics, 1989, 8 (1): 31-34.

[65] 庞素琳. Logistic 回归模型在信用风险分析中的应用 [J]. 数学的实践与认识, 2006, 36 (9): 129-137.

[66] 莫茜, 高峰, 董纪昌. 行为评分模型在个人信用评估应用中的实证研究 [J]. 国际金融研究, 2008 (7): 45-51.

[67] 方匡南, 章贵军, 张惠颖. 基于 Lasso-logistic 模型的个人信用风险预警方法 [J]. 数量经济技术经济研究, 2014, 31 (2): 125-136.

[68] B.J. Grablowsky, W. K. Talley. Probit and discriminant functions for classifying credit applicants: a comparison [J]. Journal of Economics and Business, 1984 (33): 254-261.

[69] S. Chatterjeea, S. Barcuna. A nonparametric approach to credit screening [J]. Journal of the American Statistical Association,

1970, 65 (329): 150-154.

[70] D. J. Hand. Discrimination and classification [M]. Chichester: Wiley, 1981.

[71] W.E. Henley, D. J. Hsnd. A K-nearest-neighbour classifier for assessing consumer credit risk [J]. The Statistician, 1996 (45): 77-95.

[72] P. Makowski. Credit scoring branches out: decision tree-recent technology [J]. Credit World, 1985, 75: 30-37.

[73] C. Carter, J. Catlett. Assessing credit card application using machine learning [J]. IEEE Expert Magazine, 1987, 2 (3): 71-79.

[74] T. S. Lee, C. C. Chiub, Y. Chouc et al.. Mining the customer credit using classifi-cation and regression tree and multivariate adaptive regression splines [J]. Computational Statistics & Data Analysis, 2006, 50 (4): 1113-1130.

[75] J. Pearl. Probabilistic reasoning in intelligent systems: networks of plausible inference [M]. San Fransisco: Morgan Kaufmann, 1988.

[76] 李旭升, 郭春香, 陈凯亚. 最小总风险准则的贝叶斯网络个人信用评估模型 [J]. 计算机应用研究, 2009 (1): 56-59, 64.

[77] N. C. Hsieh, L. P. Hung. A data driven ensemble classifier for credit scoring analysis [J]. Expert Systems with Applications, 2010, 37 (1): 534-545.

[78] M.D. Odom, R. Sharda. A neural network model for bankruptcy prediction [C] //International Joint Conference on Neural Networks, IEEE, 1990.

[79] V. S. Desai, J. N. Crook, G. A. Overstreet. A comparison of neural networks and linear scoring models in the credit union environment [J]. European Journal of Operational Research, 1996 (18): 15-26.

[80] D. West. Neural network credit scoring models [J]. Computers Operation Research, 2000 (27): 1131-1152.

[81] R. Malhotraa, D. Malhotrab. Evaluating consumer loans using neural networks [J]. Omega, 2003, 31 (2): 83-96.

[82] K. K. Lai, S. Y. Wang, L. G. Zhou. Neural network meta-learning for credit scoring [J]. Lecture Notes in Computer Science, 2006 (4113): 403-408.

[83] 王誉澍. BP算法在农户小额信贷信用评级中的应用 [J]. 金融经济, 2010 (22): 123-124.

[84] P.Hájek, Municipal credit rating modelling by neural networks [J]. Decision Support Systems, 2011, 51 (1): 108-118.

[85] T. V. Gestel, T. Baesens, B. Garcia et al.. A support vector machines approach to credit scoring [J]. Bank en Financiewezen, 2003 (2): 73-82.

[86] 沈翠华, 邓乃扬, 肖瑞彦. 基于支持向量机的个人信用评估 [J]. 计算机工程与应用, 2004 (23): 198-199, 251.

[87] K. B. Schebesch, R. Stecking. Support vector machines for classifying and describing credit applicants: detecting typical and critical regions [J]. Journal of the Operational Research Society, 2005, 56 (9): 1082-1088.

[88] 肖文兵, 费奇. 基于支持向量机的个人信用评估模型及最优参数选择研究 [J]. 系统工程理论与实践, 2006 (10): 75-81.

[89] 汪晓玲. 支持向量机在银行客户信用评估中的应用 [J]. 科学技术与工程, 2007 (8): 116-119.

[90] T.Bellotti, J. C. May. Support vector machines for credit scoring and discovery of significant features [J]. Expert Systems with Applications, 2008, 36 (2): 3302-3308.

[91] Y. Lean, Y. Xiao. A total least squares proximal support vector classifier for credit risk evaluation [J]. Soft Computing, 2013, 17 (4): 643-650.

[92] L. Han, L. Y. Han, H. W. Zhao. Orthogonal support vector machine for credit scoring [J]. Engineering Applications of Artificial Intelligence, 2013, 26 (2): 848-862.

[93] 刘玉峰, 贺昌政. Subagging 在个人信用评估中的应用研究 [J]. 科技管理研究, 2011 (19): 195-197, 203.

[94] 杨胜刚, 朱琦, 成程. 个人信用评估组合模型的构建——基于决策树—神经网络的研究 [J]. 金融论坛, 2013 (2): 59-63, 69.

[95] M. D. Cubiles-de-la-vega, A. Blanco-oliver, R. Pino-mejias et al.. Improving the management of microfinance institutions by using credit scoring models based on statistical learning techniques [J]. Expert Systems with Applications, 2013, 40 (17): 6910-6917.

[96] R. H. Davis, D. B. Edelman, A. J. Gammerman, Machine-learning Algorithms for Creditcard Applications [J]. IMA Journal of Management Mathematics, 1992, 4 (1): 43-51.

[97] K. J. Leonard. Detesting credit card fraud using expert systems [J]. Computers & Industrial Engineering, 1993, 25 (1): 103-106.

[98] H. Talebzadeh, S. Mandutianu, C. Winner. Countrywide loan underwriting expert system [J]. AI Magazine, 1995, 16 (1): 51-64.

[99] E. A. Joachimsthaler, A. Stam. Mathematical programming approaches for the classification problem in two-group discriminant analysis [J]. Multivariate Behavioral Research, 1990, 25 (4): 427-454.

[100] A. Charnes, W. Cooper, E. Rhodes. Measuring the efficiency of decision making units [J]. European Journal of Operational Research, 1978 (2): 429-444.

[101] A. Emel, M. Oral, A. Reisman et al.. A credit scoring approach for the commercial banking sector [J]. Socio-

Economic Planning Sciences, 2003, 37（2）: 103-123.

[102] L. Seiford, J. Zhu. An acceptance system decision rule with data envelopment analysis［J］. Computers & Operations Research, 1998, 25（4）: 329-332.

[103] M. Troutt, A. Rai, A. Zhang. The potential use of dea for credit applicant acceptance systems［J］. Computers & Operations Research, 1996, 23（4）: 405-408.

[104] W.Cheng, Y. Chiang, B. Tang. Alternative approach to credit scoring by. dea: evaluating borrowers with respect to PFI projects［J］. Building and Environment, 2007, 42（4）: 1725-1760.

[105] 孙智英. 信用问题的经济学分析［M］. 北京: 中国城市出版社, 2002.

[106] 吴晶妹. 现代信用学［M］. 北京: 中国金融出版社, 2003.

[107] 黄鑫. 信用评级的本质属性研究［D］. 沈阳: 辽宁大学博士学位论文, 2011.

[108] 张维迎, 林钧跃, 纬恩等. 专家篇社会信用体系: 进入现代化的基石［J］. 中国改革, 2001（9）: 16-20.

[109] 刘凤委, 李琳, 薛云奎. 信任、交易成本与商业信用模式［J］. 经济研究, 2009（8）: 60-72.

[110] J. E. stigliz, A. Weiss. Credit rationing in market with imperfect information［J］. The American Econimic Review, 1981, 71（3）: 354-410.

[111] M. A. Petersen, R. G. Rajan. The effect of credit market competition on lending relationships［J］. Quarterly Journal of Economics, 1994, 110（2）: 407-443.

[112] J. C. Stein. Information production and capital allocation: decentralized vs. hierarchical firms［J］. Journal of Finance, 2002, 57（5）: 1891-1921.

[113] R. Meyer, G. Nagarajan. Rural financial markets in asia: policies paradigms and performance［M］. London: Oxford

University Press, 2001.

[114] M. A. Petersen, R. G. Rajan. Does distance still matter? the information revolution in small business lending [J]. The Journal of Finance, 2002, 57 (6): 2533-2570.

[115] 雷晓敏. 中小企业家信用评价研究 [D]. 大连: 大连理工大学博士学位论文, 2008.

[116] A. Khashman. Credit risk evaluation using neural networks: emotional. versus conventional models [J]. Applied Soft Computing, 2011, 11 (8): 5477-5484.

[117] S. Akkoc. An empirical comparison of conventional techniques, neural. networks andthe three stage hybrid adaptive neuro fuzzy inference system (anfis) model for credit scoring analysis: the case of turkish credit card. data [J]. European Journal of Operational Research, 2012, 222 (1): 168-178.

[118] A. Khashman. Neural networks for credit risk evaluation: investigation of different neural models and learning schemes [J]. Expert Systems with Applications, 2010, 37 (9): 6233-6239.

[119] C. L. Huang, M. C. Chen, C. J. Wang. Credit scoring with a data mining approach based on support vector machines [J]. Expert Systems with Applications, 2007, 33 (4): 847-856.

[120] Y. Wang, S. Wang, K. Lai. A new fuzzy support vector machine to evaluate credit risk [J]. Fuzzy Systems, IEEE Transactions on , 2005, 13 (6): 820-831.

[121] D. Martensa, B. Baesensb, T. V. Gestelc et al.. Comprehensible credit scoringmodels using rule extraction from support vector machines [J]. European Journal of Operational Research, 2007, 183 (3): 1466-1476.

[122] C. Wu, Y. J. Guo, X. Y. Zhang et al.. Study of personal credit risk assessment based on support vector machine ensemble [J]. International Journal of Innovative Computing

Information and Control, 2010, 6 (5): 2353-2360.

[123] W. Härdle, R. Moro, D. Schäfer. Statistical tools for finance and insurance [M]. Berlin: Springer Berlin Heidelberg, 2005.

[124] H. Frydman, E. I. Altman. Introducing recursive partitioning for financial．classification: the case of financial distress [J]. Journal of Banking and Finance, 1985 (11): 169-191.

[125] W. Messier, J. Hansen. Inducing rules for expert system development: an example using default and bankruptcy data [J]. Management Science, 1985 (9): 253-266.

[126] N. Freed, F. Glover. Simple but powerful goal programming models for discriminant problems [J]. European Journal of Operational Research, 1981, 7 (1): 44-60.

[127] 许皓. 不完全信息下的一种信用分类方法 [J]. 中国管理科学, 2008, 16 (5): 157-163.

[128] 向晖, 杨胜刚. 基于多分类器组合的个人信用评估模型 [J]. 湖南大学学报 (社会科学版), 2011 (03): 30-33.

[129] G. Paleologo, A. Elisseeff, G. Antonini. Subagging for credit scoring models [J]. European Journal of Operational Research, 2010, 201 (2): 490-499.

[130] B.Twala. Multiple classifier application to credit risk assessment [J]. Expert Systems with Applications, 2010, 37 (4): 3326-3336.

[131] 甘犁, 尹志超, 贾男等. 中国家庭资产状况及住房需求分析 [J]. 金融研究, 2013 (4): 1-14.

[132] 叶宗裕. 关于多指标综合评价中指标正向化和无量纲化方法的选择 [J]. 浙江统计, 2003 (4): 25-26.

[133] 张卫华, 赵铭军. 指标无量纲化方法对综合评价结果可靠性的影响及其实证分析 [J]. 统计与信息论坛, 2005 (3): 33-36.

[134] 邱东. 多指标综合评价方法的系统分析 [M]. 北京: 中国统计出版社, 1991.

［135］苏为华. 多指标综合评价理论与方法问题研究［D］. 厦门：厦门大学博士学位论文，2000.

［136］中国邮政储蓄银行. 中国邮政储蓄银行农户信用评级表［R］.

［137］孟杰，李春林，基于随机森林模型的分类数据缺失值插补［J］. 统计与信息论坛，2014（9）：86-90.

［138］L. Breiman. Random Forests［J］. Machine Learning，2001，45（1）：5-32.

［139］D. N. Reshef, Y. A. Reshef, H. K. Finucane et al.. Detecting novel associations in large data sets［J］. Science，2011（334）：1518-1524.

［140］H. V. Nguyen, E. Müller, J. Vreeken et al.. Multivariate maximal correlation analysis［C］//Proceedings of the 31st International Conference on Machine Learning（ICML-14），JMLR：W&CP，2014.

［141］庞素琳. 信用评价与股市预测模型研究及应用——统计学、神经网络与支持向量机方法［M］. 北京：科学出版社，2005.

［142］毛文涛. 支持向量回归机模型选择研究及在综合力学环境预示中的应用［D］. 西安：西安交通大学博士学位论文，2011.

［143］I. Guyon, J. Weston, B. Stephen et al.. Gene selection for cancer classification using support vector machines［J］. Machine Learning，2002，46（1）：389-422.

［144］O. Gualdróna, J. Brezmesa, E. Llobeta et al.. Variable selection for support vector machine based multisensor systems［J］. Sensors and Actuators B：Chemical，2007，122（1）：259-268.

［145］L. Breiman. Statistical modeling：the two cultrues［J］. Statistical Science，2001，16（3）：199-231.

［146］H.D. Li, Y. Z. Liang, Q. S. Xu et al.. Model population analysis for variable selection［J］. Journal of chemometrics, 2010, 24（7）：418-423.

［147］沈翠华,刘广利,邓乃扬. 一种改进的支持向量分类方法及其应用［J］. 计算机工程, 2005（08）：153-154.

［148］韩家炜, M. Kamber, J. Pei. 数据挖掘：概念与技术［M］. 北京：机械工业出版社, 2012.

［149］A.Garlisle, G. Dozier. An off-the shelt PSO［C］//Proceedings of the Particle Swarm Optimization Workshop, USA：Indianapolis, 2001.

［150］W. Härdle, R. Moro, D. Schäfer. Handbook of data visualization［M］. Berlin：Springer Berlin Heidelberg, 2008.

［151］Z. Bianca, E. Charles. Obtaining calibrated probability estimates from decision trees and naive bayesian classifier［C］//Proceedings of the Eighteenth International Conference on Machine Learning, 2001.

［152］J. Platt. Probabilistic outputs for support vector machines and comparisons to regularized likelihood methods［C］//Advances in Large Margin Classifiers, Massachusetts：MIT Press, 2007：61-74.

［153］H. Lin, C. Lin, R. Weng. A note on platt's probabilistic outputs for support vector machines［J］. Machine Learning, 2007, 68（3）：267-276.

［154］中共中央、国务院. 关于加大改革创新力度 加快农业现代化建设的若干意见［Z］. 2015年2月1日.

后　　记

　　本书是在我的博士论文基础上扩展而成的，得到了 2016 年度山西省哲学社会科学规划课题"互联网环境下的'诚信个人'评价研究"以及 2017 年度山西省软科学项目"大数据视角下基于信用评价的科技信用体系构建研究"的支持。

　　光阴似箭，转眼之间博士已毕业两年，还记得论文初稿刚完成的时候，初见成果的那种喜悦。在恩师石洪波教授的指导下，我对论文的细节进行了反复修改。后在博士论文答辩的过程中，我又幸蒙肖红叶教授、李金昌教授、赵彦云教授、李宝瑜教授、张所地教授、高艳云教授的指教，对论文提出了一些宝贵的意见，于是我又进行了后续的完善。工作以来，我的角色由学生转变为老师，在备课代课之余，以及在继续读文献的过程中，发现了论文中一些可以继续完善的点，于是在博士论文的基础上我申请了山西省的哲学社会科学以及山西省软科学课题，除了在字句、表达、文献、具体问题等方面继续打磨之外，还对博士论文进行了一些扩展。

　　本书能够得以出版，离不开众多老师和同学的帮助。首先，衷心感谢我的恩师石洪波教授对我的谆谆教诲和悉心关怀。从选题、模型构建，到正文的撰写与修改，每一个环节中都凝聚着恩师的汗水和心血。恩师前沿的学术造诣，一丝不苟的治学态度，乐观、豁达、以身立行的做人风格深刻影响着我今后的工作和生活。我谨借此机会向恩师表示我最诚挚的谢意！

　　同时，我要感谢硕士阶段的导师李宝瑜教授，是您引领我走上了科研道路，您渊博的理论素养和精益求精、严谨求实的科研精神是我一生学习的榜样。感谢山西财经大学统计学院的杭斌教授、高艳云教授，正是老师们关于微观数据处理、计量经济学等知识的传道、授业、解惑，使我在收获知识的同时获得了更多的灵感和启发，也感谢您们在本书的撰写和修改过程中对我给予的指导和帮助！感谢闫新华老师、李毅老师、冀素琴老师、刘晓艳老师、郭珉老师和王蕾、武佳杰同学等在本书撰写以及程序实现方面对我无私的帮助。

感谢我的父母多年来对我学业和工作的理解和支持，在生活中、精神上给我提供了强有力的后盾。感谢我的爱人刘中军在我撰写博士论文和书稿修改过程中给我的鼓励和帮助。正是亲人们默默无私地付出使我更有信心和动力在科研路上前行。

最后，感谢给予本书文献引用权和数据使用权的所有者，也要向武汉大学出版社以及陈红编辑致谢。衷心祝愿大家健康幸福！谨以此书献给所有关怀、帮助、支持、鼓励我的亲人、师长、学友和朋友们！